자폐증 · 아스퍼거 증후군 아동을 위한

사회성 이야기 158

The New Social Story Book,
Revised and Expanded 10th Anniversary Edition
by Carol Gray

자폐증 · 아스퍼거 증후군 아동을 위한

사회성 이야기 158

Carol Gray 저 | 이주현 역

학지사

알렉스 길핀의
놀랍고 믿기지 않는 인생 이야기를
기억하고 기념하며
이 책을 그에게 헌정한다.

역자 서문

별종, 지구 별에 온 그대에게

2014년 초 한국에서는 외계인이 지구에 와서 벌어지는 일을 담은 〈별에서 온 그대〉라는 드라마가 한참 유행이었다. 이렇게 '외계인이 지구 별에 방문하여 우리가 사는 것을 본다면?' 이라는 인문학의 '낯설게 보기' 모티브에서 시작하여 우리의 혼란스럽고 복잡한 삶을 재조명하는 유명한 작품으로 생텍쥐페리의 『어린 왕자』가 있다. 그리고 남태평양의 추장이 서구 세계에 초대받은 후의 소감을 쓴 『빠빠라기』라는 책도 있다. 오늘날 아프리카에서는 아이들은 굶어 죽어 가는데 어른들은 전쟁을 한다. 한국에서는 똑같은 일을 해도 인종, 성별, 정규직/비정규직의 차이에 따라 다른 봉급이나 대접을 받는다. 21세기 지구 별에서의 삶은 아직도 어린 왕자의 눈에는 알 수 없는 요지경일 것이다. 물론 많은 역사의 진보와 발전이 있었지만…….

상대방의 마음을 읽거나 전체적인 상황을 파악할 수 없어 힘들어하는, 자폐증을 겪고 있는 아이들에게 이런 지구 별에서 무엇이 바르고 당연한 것인지 그리고 그 속에서 어떻게 실수를 받아들이고 편안하게 살 수 있는지를 설명하는 것은 정말 힘든 일일 것이다. 그러나 그것을 이모처럼, 선생님처럼, TV 오디션 프로그램의 멘토처럼 옆에서 차근차근 설명해 주는 이야기꾼의 이야기가 여기 있다.

이 책에 담긴 사회성 이야기(social story)는 자폐증을 겪는 아이들이 상대방의 마음 읽기가 안 되기에 2인칭 문장이 아닌 1인칭과 3인칭의 문장을 사용하며, 아이들의 안전에 최우선을 두고 애매하지 않은 명확한 메시지를 전달한다. 또 제목을 붙여 도입, 본문, 결말을 구별하면서 내용이 반복되도록 하는 방식을 이용한다. 이 책은 1991년 캐롤 그레이(Carol Gray)라는 특수교사가 개발하여 자폐 스펙트럼 장애 아동의 교육에 널리 사용되고 있다. 20여 년의 역사를 가진 사회성 이야기는 10주년 기념판에서 158개의 사회성 이야기로 우리에게 찾아왔다.

나는 『별종, 괴짜 그리고 아스퍼거 증후군』을 번역하고 나서 '다시는 나의 전문 분야가 아닌 책의 번역은 하지 말아야지!'라고 생각했다. 하지만 『The New Social Story Book』을 접하고, 나는 전문 분야 외 번역이라는 고역을 다시 시작하게 되었다. 간결하고 분명한 설명문 같지만 시적인 원서의 언어를 읽으면서 그것을 제대로 전달하는 '번역이란 정말 어려운 일이구나!'라고 다시 한 번 느꼈다. 비록 번역에 대한 전문적인 배움이나 지식은 없지만 이 책이 집에서 엄마의 목소리로 자폐증을 겪는 아이에게 읽힐 것을 상상하며 애정을 담아 작업했다. 어려운 한자어는 피하면서 길어지더라도 뜻을 풀어서 번역하였고, 다소 어색하더라도 주어를 넣어 문법에 맞게 번역하는 것을 원칙으로 하였다.

글이 아니라 목소리로 읽혀서 말로써 서로의 마음에 전달될 때 더욱 힘을 발휘하고 살아나는 이야기들이 있다. 그렇게 수많은 종교의 경전이, 민담이 역사를 넘어 목소리를 통해 우리들의 마음속으로 전승되었다. 나는 이 사회성 이야기들도 그럴 만한 가치와 힘을 가졌다고 느꼈다. 이런 소중한 이야기들을 전달하는 데 나의 부족한 번역 솜씨가 누를 끼치지 않기를 진심으로 바라지만 역부족일 것 같다. 그러나 이야기의 힘이, 이 이야기를 읽어 주는 부모님들의 진심이, 그 부족함을 채워 줄 것이라 기대하며 이 책을 내놓는다. 한국자폐학회를 만드시고 후학들을 늘 지도·편달해 주시는 홍강의 교수님, 늘 후원해 주시는 부모님과 사랑하는 나의 딸 혜원, 아들 준영, 초벌 번역으로 고생하며 이 책 탄생의 밑거름이 되어 준 부인 유원, 타이핑과 번역을 도와준 소리 씨에게 감사를 드린다. 또한 이 책의 번역을 가능하게 해 주신 학지사 김진환 사장님과 꼼꼼한 편집으로 번역을 잘 가다듬어 주신 편집부 여러분에게도 감사를 드린다.

감사 인사: 사회성 이야기의 역사의 인물들

나는 사회성 이야기를 이용한 접근을 약 20년 전에 시작했다. 그 후 나는 수천 명의 놀랍고, 재능 있고, 흥미로운 사람을 만나 왔다. 나는 사회성 이야기를 함께 지켜 온 사람들에게 매우 감명받았다. 이 책은 그들의 노력의 합이며, 그들 모두에게 감사한다. 여기서 나는 그들 중 일부의 기여에 대해 이야기하고 싶다. 나는 그들이 사회성 이야기를 쓰고, 읽으며, 지지한 사람들의 뛰어난 표상이라고 믿는다. 그들은 모든 삶의 발자국으로, 지구 별의 모든 지역에서 매일 자신의 역사를 추가해 가고 있다.

에릭과 팀　열다섯 살의 나이와 70kg 체중의 차이에도 불구하고 에릭과 팀은 1990년 가을 학기를 시작하면서 내가 담당한 학생들이었다. 에릭은 고등학교의 프로그램에서 떠날 때가 가까웠고, 팀은 유치원에 입학했다. 에릭과 팀은 만난 적이 없지만 사회성 이야기의 역사에 있어 각각 중요한 역할을 했다. 에릭과의 대화는 나에게 좀 더 정확한 시각으로 사실을 바라보게끔 하였다. 그것은 패러다임의 전환이었다. 나는 에릭으로부터 배운 것을 상담활동에 적용하기로 결정했다. 일주일 후 나는 팀을 위해 첫 번째 사회성 이야기를 썼다. 살아오면서 나에게는 많은 스승이 있었다. 그렇지만 에릭과 팀은 나에게 가장 강력한 영향을 미치고 있다.

나의 남편, 브라이언 1990년 가을, 나는 내가 담당하는 학생들을 위한 사회성 이야기를 쓰는 데 많은 성공을 거두고 있었다. 내가 이러한 성공을 다른 사람들과 나누는 것을 주저하고 있었다고 말하는 것은 확실히 절제된 표현이다. 타고난 수줍음에 기인한 나의 많은 변명에도 불구하고, 나의 남편 브라이언은 다른 사람들과 사회성 이야기의 성공을 공유하도록 나를 격려했다. 그 결과가 인디애나 주 인디애나폴리스에서의 첫 번째 사회성 이야기 발표였다. 나의 발표에 엄청난 관심들이 쏟아졌지만 나는 나머지 학회 내내 호텔방에 숨어 있었다. 이틀 내내 룸서비스로만 식사를 했다! 브라이언은 사회성 이야기의 독특한 역사의 굴곡 내내 나의 코치가 되어 왔다. 그리고 항상 나의 최고의 친구였다.

조안나 칸즈와 바렛 그레이 브라이언과 나는 조안나와 바렛, 두 명의 굉장한 아이들을 얻는 축복을 받았다. 그들은 사회성 이야기의 역사를 분명히 알고 있고, 그 역사의 커다란 부분이기도 하다. 되돌아보면 나는 그들의 차분하고 인내심 깊은 지지에 감명받는다. 당연하지만 조안나의 중간 이름은 그레이이다. 그녀는 마크와 결혼했고 그들은 우리 손자 리안의 부모다. 조안나는 인지하지 못하지만 그녀의 언급은 이 책을 마무리하는 데 큰 도움이 되었다. 원고를 만드는 결정적인 순간에 나는 완전히 압도당했다. 너무나 많은 사회성 이야기가 있었고, 하루에 몇 분도 쉴 틈이 없을 정도로 다른 업무도 너무 많았다. 조안나는 나의 좌절감을 경청해 주었다. 그리고 "어느 정도 한계를 설정해야만 해요. 어떨 때는 '그것은 지금 당장 나에게 도움이 되지 않아요.'라고 말해야만 해요."라고 확신에 찬 목소리로 차분하게 이야기해 준 것을 나는 결코 잊지 못할 것이다. 그 순간 갑자기 나는 이 프로젝트를 완수하는 목표 옆에서 제대로 작동하지 않는 것들이 보였다. 나는 그녀에게 매우 감사했다. 이후로 줄곧 나는 (물론 적절할 때) "그것은 나에게 도움이 되지 않아요."라고 행복하게 이야기해 왔다. 그녀가 옳았다. 그것은 효과가 있었다.

나의 아들 바렛은 나의 초기 발표에 일부 참여하였다. 나는 특히 앨버커키에서 있었던 강의를 기억한다. 학회를 마치고 북쪽으로 운전을 하고 있을 때, 바렛의 손에는 평가지 서류뭉치가 있었다. 흐릿한 보라색 하늘과 천둥 번개와 함께 내리는 비는 수평선을 둘러쌌다. 바렛은 평가지에 있는 논평들을 나에게 읽어 주었다. 논평들은 대부분 대단했다. 하지만 그것들은 내 마음을 상하게 하는 비판적인 문구들이었다. 칭찬은 포함되지 않았다. 바렛은 부정적인 논평의 평가지를 뒷좌석으로 던져 버리기로 결정하였다. 나를 오해하지는 마시라. 나는 건설적인 비평과 피드백을 소중하게 여긴다. 하지만 특히 부당하다고 생각되는 비평을 접할 때마다 나는 보라색 저녁 하늘에 내리치는 번개의 섬광으로 환히 빛날 때, 뒷좌석으로 던져졌던 구겨진 서류뭉치들을 내 마음속에 떠올린다. 몇 년 후, 술집에서 한 잔의 와인을 마시면서 바렛은 오리지널 사회성 이야기의 비율을 현재의 사회성 이야기의 공식으로 변모시켰다.

조이 개런드와 에드나 스미스 박사 사회성 이야기에 대한 최초의 발표 이후, 나는 오하이오에서 온 젊은 특수 교사인 조이 개런드와 미주리 프로젝트 ACCESS의 책임자인 에드나 스미스 박사를 만났다. 조이는 나의 인디애나폴리스 발표에 참여했고, 몇 달 후 사회성 이야기로 거둔 그녀의 성공을 공유하는 글을 썼다. 미시간에서 나를 위해 사회성 이야기 작업을 했다는 것에 놀랐던 것을 기억한다. 그뿐만 아니라 그들은 지금도 여전히 오하이오에서 사회성 이야기를 가지고 일하고 있다. 「사회성 이야기: 정확한 사회적 정보를 가지고 자폐증 학생의 반응을 향상시키기(Social Stories™: Improving the Responses of Students with Autism with Accurate Social Information)」라는 논문을 조이와 내가 공동저자로서 썼다. 에드나는 1993년 저널 『자폐행동연구(Focus on Autistic Behavior)』에 이 논문이 실릴 수 있도록 우리를 도와주었다. 조이와 에드나와의 만남은 자폐증 연구 분야에 사회성 이야기를 공식적으로 소개하도록 이끌어 주었다.

토니 애트우드 사회성 이야기를 지지한 초기 전문가 중 한 명이다. 토니는 『아스퍼거 증후군: 부모와 전문가를 위한 가이드(Asperger's Syndrome: A Guide to Parents and Professionals)』라는 그의 새로운 원고에 대한 피드백을 받기 위해 나와 만났다. 그는 사회성 이야기에 대한 그의 묘사가 확실하기를 원했다. 사회성 이야기에 의한 조이의 성공에 내가 놀라고 있을 때, 다른 나라의 저명한 자폐 전문가가 나의 작업에 대해 저술한다는 사실에 나는 강한 호기심을 느꼈다. 그것뿐만 아니라 토니는 사회성 이야기를 천재적으로 이해했다. 그의 묘사는 사회성 이야기에 대한 나 자신의 이해의 폭을 넓혀 주었다. (현재 토니는 나의 소중한 친구이며, 나는 우리 분야에 대한 그의 기여에 깊이 존경한다. 그가 이 책의 서문을 쓰는 것에 동의해 주었을 때, 나는 흥분되었고 영광스러웠다.)

다이앤 트와츠먼-컬런 나를 Future Horizons의 사장인 웨인 길펀에게 소개해 주었다. 다이앤은 웨인에게 나의 가장 초기 발표 중에 하나를 듣게 했다. 처음에 나는 사회성 이야기가 그렇게 긍정적인 영향을 줄 수 있음을 웨인이 믿을 것이라고 생각하지 못했다. 나는 그가 계속 머무르면서 그날 나의 강의 전부를 들은 것에 감명받았다. …… 그리고 그의 마음이 바뀌었다. 여러 다른 출판사에게 거절당해 왔었음에도 불구하고, 결국 그는 사회성 이야기의 첫 번째 책을 『오리지널 사회성 이야기 책』이라는 제목으로 인쇄하여 배포하기를 제안했다.

사회성 학습과 이해를 위한 그레이 센터(TheGrayCenter.org) 자폐 스펙트럼 장애를 가진 사람들과 그들의 이익을 위해 봉사하는 비영리 단체다. 로렐 팔보 실행이사가 이끄는 그레이 센터는 1998년부터 시작되어 사회성 이야기의 공식적인 시설이 되어 왔다. 그레이 센터는 많은 자원과 서비스를 제공한다. 그중에는 사회성 이야기에 대한 정확한 정보의 배포와 수준 높고 통합적인 접근을 보호하기 위한 다면적 노력이 포함된다.

키스 로베트(영국) Autism Independent의 책임자로서 영국에 사회성 이야기를 도입했고, 사회성 이야기 워크숍을 후원해 왔다. 키스는 자폐 스펙트럼 장애를 가진 사람들의 교육과 복지에 관심이 있고, 여기에는 그들의 이익을 위해 사용할 수 있는 학습 진행방법의 질을 보장하는 것이 포함된다. 만약 사회성 이야기에 아버지가 있다면 그것은 키스일 것이다. 그는 접근법을 찾고, 그것에 대한 어떠한 착오도 나에게 알려 주며, 대서양의 저쪽에 있는 그의 지부에서 수준 높은 사회성 이야기 워크숍이 진행되도록 확고부동하게 보장해 왔다.

사회성 이야기 팀 나와 함께 전 세계적으로 수준 높은 워크숍을 진행하는 사람들로 그 수가 계속 늘어 가고 있다. 내가 제니슨 공립학교에서 일하고 있을 때 인사 부장과 대화했던 것이 기억난다. 우리는 늘어나는 나의 사회성 이야기 워크숍과 발표에 대해 토론했다. "얼마나 오랫동안 사회성 이야기를 쓰도록 세상을 가르칠 수 있을까요? 영원히 지속될 수는 없겠지요?" 라고 나는 물었다. 지금 나는 그럴지도 모른다고 생각한다. 왜냐하면 사회성 이야기 팀을 모집하여 도움을 받아 왔기 때문이다. 현재 우리는 다섯 개 국가에 팀원을 두고 있다. 사회성 이야기 팀의 최신 목록은 앞에서 소개한 그레이 센터 웹사이트를 방문하면 구할 수 있다.

멜리사 앤드루스 사회성 이야기의 과거와 현재에 개입해 왔다. 그리고 의심할 바 없이 미래의 한 부분이 될 것이다. 그녀와 나는 제니슨 공립학교에서 함께 일했다. 최근 우리는 내 사무실에서 함께 일하고 있고, 워크숍을 계획하고 있다. 멜리사는 이 원고의 초안을 검토했으며 제정신으로 마칠 수 있게 도와주었다. 멜리사는 이것을 모른다. 그녀는 누구보다도 내가 멈추고, 생각하며, 더 좋게 재편성하도록 만들었다.

나의 시골집 친구들 이 책의 내용에 반영되어 있다. 그들은 지난 여름 내가 이용 가능했던 유일한 '사회적 표준'이었다. 이 책의 사회성 이야기 대부분은 나의 시골집에서 쓴 것이다. 나는 보통 그들을 '시골집 사람들'이라고 부른다. 그들은 내가 많은 사회성 이야기 주제를 찾을 수 있도록 도와주었다. 종종 나는 그들에게 사회적 통념과 기술에 대한 색다른 질문을 던졌다. 예를 들면, '한 사람이 하는 포옹과 두 사람이 하는 포옹의 차이점은 무엇인가?' 등이 있다. 나의 질문들은 동의가 잘 이루어지지 않는 토론을 야기했다. 하지만 토론은 항상 독특한 인격들의 흔들리지 않는 상호 존경 속에서 진행되었다. 이것은 믿기 어려울 정도로 대단한 이 그룹의 특성을 규정하는 것이다. 내 일생에 이런 친구들을 가진 것은 축복이다. 나는 이 책을 쓰는 데 그들의 솔직한 공헌에 크게 빚졌다. 나는 폴과 팻, 그란디, 짐과 마우린, 제프와 말시, 셰리, 앤디 그리고 케시와 샌디, 프루디와 짐에게 공개적으로 감사하고 싶다. 그들은 지구 별에서의 삶을 지속적으로 아주 흥미롭고 신나게, 편하게 그리고 엄청나게 재미있게 이어 갈 것이다. 내생(來生)에서도 나는 그들과 다시 친구가 되고 싶다.

반스앤 노블스 서점에서 만난 소년 내가 이 책을 개발하는 데 있어서 결정적인 순간에 나에게 다가왔다. 나는 그에게 제대로 감사하기 위해 그의 이름을 알고 싶다. 이 원고의 거친 초안이 거의 완성되어 갈 때쯤, 나는 2주 내내 눈코 뜰 새 없이 쉬지 않고 글을 쓰고 있었다. 나는 글을 쓰는 장소를 바꾸는 것이 필요했다. 그래서 나는 우리 집 근처의 리버타운 크로싱몰로 향했다. 나는 현장에서 일했다. 이곳이 "올라가는 에스컬레이터"와 "푸드코트에서 먹기"에 관한 사회성 이야기를 쓴 곳이다. 나는 조용한 서점 카페에서 먹기에 대해 쓰기 위해 반스앤 노블스 서점으로 향하기로 결정했다. 하지만 그곳은 인산인해였다. 나는 카페에 갈 수 없었다. 그래서 나는 근처의 푹신한 의자에 앉아 나의 노트북을 꺼내서 "이곳은 붐빈다"라는 사회성 이야기를 썼다.

그 순간 그가 나타났다. 그는 아홉 살 정도로 보이는 갈색 곱슬머리의 소년이었다. 그는 그의 엄마 곁에 있다가 나에게 다가왔다. 아니, 그는 나의 컴퓨터로 다가왔다. 그는 자폐 스펙트럼 선상에 놓여 있는 아이들이 가진 특징을 많이 가지고 있었다. 그는 컴퓨터 화면에 쓴 내 글을 읽더니 주위를 두리번거렸다. 그리고 나를 향하며 물었다. "여기에서 무엇이 진행되는지에 대한 이야기를 쓰는 것이 당신에게 도움이 될까요?"

나는 해답을 찾지 못해 어쩔 줄 몰라 하고 있었다. 하지만 지금 나는 답을 알고 있다. 그렇다. 무엇이 진행되고 있는지에 대한 사회성 이야기를 쓰는 것이 나에게 도움이 된다. 왜냐하면 믿어지지 않을 만큼 경이로운 사람들이 나에게 이것을 소개해 주었기 때문이다. 여기에 내가 소개한 이들과 같은 사람들, 반스앤 노블스 서점에서 만난 소년 같은 사람들 그리고 내가 결코 만난 적이 없는 사람들…… 하지만 만약 만났다면 내가 좋아했을 것을 안다. 사회성 이야기는 가장 좋은 동료들과 함께해 왔다. 그리고 그들 곁에서 일해 왔다는 것은 나에게 영광이었고, 앞으로도 그러할 것이다.

차 례

01 이야기로 배우기

02 변 화

03 실 수

04 나와 나의 감정

05 축하와 선물

06 인간관계 기술과 우정

07 괴롭힘: 무엇을 생각하고, 말하며, 행동해야 하는가

08 어른들을 이해하기

09 집과 지역사회

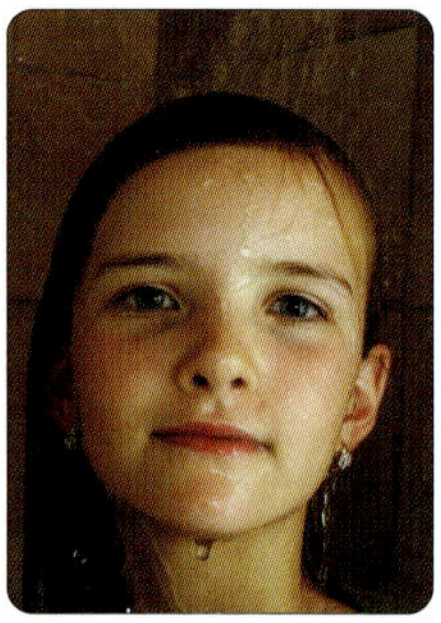

10 학 교

11 지구 별

서 론

캐롤 그레이(Carol Gray)는 자폐증과 아스퍼거 증후군을 가진 아이들과 함께 직접 또는 공동으로 작업하면서 1991년에 사회성 이야기를 개발했다. 거의 20년 동안 그녀는 광범위한 개인적 경험과 부모, 교사, 아이들 자신으로부터 받은 피드백에 기초하여 사회성 이야기를 쓰는 지침을 변형해 왔다. 몇 해에 걸쳐 아이디어나 전략들은 성숙해졌고, 사회성 이야기는 과학 저널에 출판된 수많은 연구조사에서 지금까지 독립적으로 검증되어 왔다. 사회성 이야기의 사용은 교육과 치료 현장에서 과학자들이 '근거 기반 치료'로 묘사하는 바로 그것임에 의심할 여지가 없다. 사회성 이야기는 정말로 효과가 있다.

나는 캐롤 그레이가 새로운 출판물을 낼 때마다 항상 배우게 된다. 나는 자폐 스펙트럼 장애를 가진 아이들이 세상을 어떻게 인지하고 경험하는가에 대한 최신의 통찰을 읽게 된다는 기대에 꽤 흥분된다. 그녀의 혁신적인 아이디어와 전략들은 나의 임상 진료에 포함되고, 내가 그녀의 최신 개정판을 교사와 부모, 그리고 대학에 권유할 것이라는 것을 나는 안다. 나는 『자폐증 · 아스퍼거 증후군 아동을 위한 사회성 이야기 158(The New Social Story™ Book)』의 원고를 미리 읽었기 때문에 '캐롤, 또 해냈군요.'라고 생각했다. 그녀는 사회적 이해력뿐만 아니라 자기 이해력을 증진시킬 수 있는 또 다른 뛰어난 자원을 집필해 왔다. 캐롤은 자폐증을 가진 사람들의 세계와 정상 신경계(neurotypical)를 가진 사람들의 세계에 대한 주목할 만한 통찰을 가지고 있으며, 그녀의 사회성 이야기들은 그들 모두에게 상호 이해, 의사소통, 그리고 수용을 증진시킬 것이다.

이 책은 캐롤의 다른 출판물들과 보완적이며, 특정한 아이나 그의 독특한 능력과 환경에 맞추어 변형 또는 편집되거나 수정 없이 이용할 수 있는 사회성 이야기들의 예제들을 제공하고 있다. 나는 『자폐증 · 아스퍼거 증후군 아동을 위한 사회성 이야기 158』을 부모, 교사, 치료사 또는 심리학자로서 자폐증과 아스퍼거 증후군의 영역을 새롭게 접하는 이들뿐만 아니라 사회성 이야기를 쓰는 데 경험이 많은 이들에게도 추천하고 싶다. 내가 아스퍼거 증후군을 가진 아이들과 작업할 때, 나는 종종 안내와 영감의 원천으로 이 책을 참조한다.

캐롤은 아이들, 부모들 그리고 교사들과 작업했던 광범위한 경험으로부터 '뜨거운 이슈'가 되는 문제의 영역들을 알고 있다. 여기에는 변화에 대처하기, 실수, 특별한 상황(예를 들면, 생일 파티에 참가하기나 비행기 탑승하기), 그리고 감정을 조절하고 표현하기가 포함된다. 캐롤은 매우 조심스럽게 단어들을 선택한다. 위대한 생각, 지혜 그리고 재능이 새로운 개정판에 녹아들어 있다. "어른들은 계속 자라는 아이들이다."라는 특별한 문장과 '어떤 선물이 실망스러울 때'에 대한 사회성 이야기는 특히 내가 항상 기억하게 될 것이다. 나는 자폐 스펙트럼 장애를 가진 아이들과 정상 신경계를 가진 어른들이 『자폐증 · 아스퍼거 증후군 아동을 위한 사회성 이야기 158』에 나오는 포괄적인 설명과 현명한 조언을 즐기고 감사할 것이라고 생각한다.

토니 애트우드 박사

이 책을 이용하는 방법

나는 지속적으로 여러분과 여러분이 돌보는 아이들 또는 청소년[나는 이들을 여러분 이야기의 '독자(讀者)'라고 부른다.]을 염두에 두고 이 사회성 이야기의 모음집을 썼다. 여러분은 아마 다양한 방식으로 사회성 이야기를 이용할 것이다. 사회성 이야기를 직접 책으로부터 이용하거나 여러분 자신의 이야기들을 만들 수도 있다. 나는 이 짧은 소개 글을 통해 이 책에 있는, 특히 사회성 이야기, 부록 CD,[1] 사회성 이야기 10.1 사용지침서를 여러분이 숙지하게끔 할 것이다.

이 책에는 158개의 사회성 이야기가 있다. 이 사회성 이야기들은 내가 직접 함께 작업하는 학생들이나 동료 부모님들, 교육자들을 위해 썼다. 이야기들은 주제에 따라 각 장으로 나뉘어 있다. 이야기로 배우기, 변화, 실수, 나와 나의 감정, 축하와 선물, 인간관계 기술과 우정, 괴롭힘(왕따), 어른들을 이해하기, 집과 지역사회, 학교, 지구 별이다. 몇몇 장들은 특수한 상황에 집중하기도 하지만, 대부분은 자폐 스펙트럼 장애를 가진 아이들이 직면하는 가장 도전적인 주제에 초점을 맞추었다. 부모님들과 교육자들로부터 가장 많이

1) 지금 한국에서는 컴퓨터를 이용한 문서작성이 쉽고 보편화되어 있어 텍스트만 들어 있는 CD의 제공이 큰 의미가 없다고 판단되어 한국어 번역판에서는 CD를 부록으로 제공하지 않기로 결정하였습니다(역자 주).

의뢰받는 이야기들과 나의 개인적인 경험으로부터 내가 느끼기에 아이들에게 가장 도움이 되었던 이야기들을 포함시키기 위해서 나는 최선을 다했다.

이 책에 실린 몇몇 이야기들은 집단에서 순차적으로 이용되도록 설계되었다. 자신감 요새 이야기들(#30~38)은 상상의 안전 지대[자신감 요새로 오세요(Come to Fort Able) = 안심해(ComFortAble)]를 설명하는 것이다. 각각의 자신감 요새 이야기는 '요새(fort)'에 있는 '방(room)'을 설명한다. 괴롭힘(왕따) 이야기들(#74~82)은 시간 순서대로 읽고 끝낼 수 있도록 의도되었다.

개정판의 가장 흥미진진한 변화 중 하나는 부록 CD다. CD에는 사회성 이야기의 두 세트가 있다. 첫 번째 세트에는 이 책에 있는 그대로 어도비 PDF 형식으로 모든 이야기가 들어 있다. 여러분은 집에서 개인적 용도로 사회성 이야기를 출력하여 사용할 수 있거나 학생들에게 기술을 가르치기 위해 교실 발표에서 이야기를 포함할 수 있다. 몇 개의 예제들이 있다. (저작권과 관련된 제한과 허용에 대해서는 CD에 자세히 설명되어 있다.)

CD에 있는 두 번째 세트에는 모든 사회성 이야기가 마이크로소프트 워드(Word) 형식으로 포함되어 있다. 하지만 이 책에 있는 색상이나 사진들은 포함되어 있지 않고 텍스트만 실려 있다. 여러분이 이 책에서 한 가지 이야기를 골라 CD에 있는 상응하는 워드 파일을 열어서 여러분의 독자의 요구에 맞게 재단하여 바꿀 수 있도록 허용한다. 우리는 이번 개정판에 있는 사진도 포함하고 싶었지만 저작권 문제 때문에 그렇게 할 수 없었다. 마지막으로 만약 여러분이 학생들이 인식하고 연결 지을 수 있는 관습적인 사진이나 그림들을 추가할 수 있다면 학생들에게 무척 유익할 것이다. 이것은 이야기의 효용성을 크게 증가시킬 수 있다. (나는 이 점을 사회성 이야기 10.1 사용지침서에서 논의할 것이다.)

반대로, 어떤 학생들에게는 이미지가 사회적 상황이나 기술을 이해하는 데 부정적으로 작용할 수 있다는 것을 알고 있어야 한다. 그들은 그림이 있는 이야기는 아이들에게나 해당되는 것이지 자신들에게는 그렇지 않다고 생각할 수 있다. 여러분의 아이나 학생들은 매우 곧이곧대로 생각하고, 기술을 일반화하는 데 어려움을 가지고 있기 때문에 워드로 저장된 이 책의 그림이 없는 이야기를 단지 참고용으로만 이용하고 그들의 경험에 맞게 변형시켜야 한다.

여러분이 CD를 가지고 작업한다면, 워드 형식의 사회성 이야기들이 무수한 방식으로 원하는 대로 만들 수 있는 능력을 여러분에게 제공한다는 것을 알게 될 것이다. 여러분은 다음과 같은 것을 할 수 있다.

- 문자 형태나 크기를 바꿀 수 있다.
- 여러분의 독자에게 보다 효과적인 어휘로 교체하여 사용할 수 있다.
- 관련 주제를 서술하거나 설명하기 위해 또는 여러분의 독자의 경험에 부합하기 위해 추가적인 텍스트를 덧붙일 수 있다.
- 독자의 흥미를 고려해서 (가상의 캐릭터가 독자에게 혼란이나 오해를 야기하지 않는다면) 이야기의 내용을 설명하기 위해 가장 좋아하는 캐릭터를 이용할 수도 있다.
- 여러분의 이야기를 설명하는 사진이나 매우 흥미 있는 이미지를 이용할 수 있다.
- 이야기의 의미를 설명하거나 신호를 주는 추가적인 시각적 지원이나 활동을 포함할 수 있다.

이것은 완결된 목록이 아니다. 끝없는 가능성이다!

대부분의 이야기가 쓰여진 그대로 이용할 수도 있지만, 이 책에 실린 일부 이야기들은 여러분의 독자와 함께 나누기 전에 개작해야만 한다. 이것들은 과거의 사건에 대한 예제 설명을 포함한 가상의 인물들(예를 들면, 트레버, 메이슨, 프레처)을 위해 쓰여진 이야기다. 여러분이 이 이야기들을 검토한 후 CD에 있는 해당되는 워드 파일을 편집하여 독자의 구체적인 개인 경험으로 대체할 필요가 있다. 마치 독자가 말하는 것처럼 1인칭 시점에서 쓰였다면, 개인화된 사회성 이야기는 여러분의 독자에게 가장 잘 이해될 것이다.

이 책에 나온 사회성 이야기의 다수는 의도적으로 '과잉 작성' 된 것이다. 나에게 의뢰된 학생들을 위해 내가 보통 사용하는 것보다 텍스트가 더 많거나 문장도 더 길다. 여러분에게 가능한 한 많은 아이디어와 문구 선택사항을 제공하기 위해 그렇게 했지만, 여전히 온전한 이야기의 구조는 유지하고 있다. 여러분은 차례차례 이야기를 검토하고 난 후 여러분이 돌보아야 할 대상과 함께 사용할 준비가 되어 있는지 판단할 수 있다. 또는 이야기를 개작하기로 결정할 수도 있다. 이 경우 더 짧게 줄일 수도 있고, 여러분이 보기에 적합하게 개인화시킬 수도 있다.

하나의 이야기를 짧고 간단하게 만들기 위해서 각 문단의 첫 번째 문장만 사용하고 다른 것들은 지우기를 제안한다. (이 전략은 일부의 이야기들에서만 작동하므로 여러분이 최선의 결정을 해야 한다.) 하나의 문장으로 된 문단의 구조는 실제 연령 또는 발달 연령이 어린 아이들에게 좋다. (이 책은 6~12세 사이의 발달 연령을 가진 아이들을 대상으로 쓰여졌다.) 이야기를 단순화시키는 또 다른 방법은 2개의 분리된 문장을 만들기 위해 쉼표를 생략하거나 하나의 이야기를 2개 이상의 이야기들로 나누는 것이다.

여러분은 틀림없이 여러분 독자의 독특한 요구, 능력 그리고 관심에 맞는 이야기를 개발하기 위해 여러분만의 많은 아이디어를 가지게 될 것이다. 사회성 이야기 10.1 사용지침서는 여러분이 사회성 이야기를 쓰는 기술과 과학을 배울 수 있도록 설계되어 있다. 이것은 (아이들과 성인 모두에게) 작동할 수 있도록 의미가 있을 뿐만 아니라 재미있는 사회성 이야기들을 여러분이 개발할 수 있도록 도울 것이다. 사용지침서는 여러분 자신의 속도에 맞게 여러분만을 위한 사회성 이야기 워크숍을 끝낼 수 있게 해 줄 것이다. 여기에는 사용지침서에 대한 소개, 새롭게 개정된 10개의 사회성 이야기의 기준에 대한 자세한 설명, 각 기준에 대한 연습 활동이 포함되어 있다. 여러분이 성공적으로 읽고 10개의 기준에 대한 연습 활동을 전부 끝내기만 한다면, 여러분은 여러분이 돌보고 있는 이들을 위한 효과적인 사회성 이야기를 쓸 수 있게 될 것이다. 여러 가지 아이디어와 지지를 얻기 위해 사회성 이야기를 쓰는 동안 자주 이 기준들을 참조하기를 나는 권한다. 또한 여러분의 이야기를 개선하고, 다른 사람들과 함께 여러분의 기술을 실습하기 위해 공식적인 집단 사회성 이야기 훈련에 참여하기를 나는 격려한다.

여러분이 초심자이든 사회성 이야기에 있어 경험 있는 저자이든 간에 이 책은 여러분의 지속적인 배움을 지지하도록 설계되어 있다. 여러분은 인터넷에서 사회성 이야기에 대해 좀 더 조사해 보기로 결정할 수 있다. 하지만 여러분이 인터넷에서 사회성 이야기에 대해 문의하려고 한다면, 내용과 관련하여 신중하기를 바란다. 10개의 기준은 무엇보다도 독자의 안전이 보장되도록 마련된 것이다. 사회성 이야기에 대한 정보를 알기 위한 인터넷 주소는 오직 3개다. 나의 웹사이트(CarolGraySocialStories.com), 사회성 학습과 웹사이트 이해를 위한 그레이 센터(TheGrayCenter.org), 그리고 Future Horizons의 웹사이트(FHautism.com)다. 다른 웹사이트에서 나의 관여를 암시할 수 있지만, 그것은 분명히 사실이 아니다. 보증된 정보를 얻기 위해서는 명시적으로 내 이름으로 상표 등록된 사회성 이야기를 이 책에 나와 있는 참고 자료에서 찾아보아야 한다.

만약 이 책이 여러분에게 도움이 되었다면 나는 여러분에게 함께할 수 있는 자료를 탐색하도록 권하고 싶다. 『코믹 만화 대화(Comic Strip Conversations)』에서는 학생들과 함께 사회적 사건, 개념, 기술을 탐색하고, 상호작용을 묘사하는 간단한 그림들을 이용하였다. 『낚시질에 넘어가지 않기(No Fishing Allowed)』는 집단따돌림으로부터 대처하는 전략을 가르치는, 사회성 이야기를 통한 또래 폭력 예방 프로그램이다. 또한 팀과 나는 〈사회성 영화(Storymovies)〉라는 제목이 붙은 DVD를 만들었다. 사회성 영화는 짧은 영화로 설명된 사회성 이야기다. 각각은 실생활 장면에서 사회적 개념과 기술을 함께 설명하기 위해서 배치되어 있다. [유용한 사회성 영화에 해당하는 이 책의 이야기들은 그 사회성 이야기 번호 옆에 '신 슬레이트(scene slate)'가 있다.]

사회성 이야기에 대한 여러분의 관심에 감사드린다. 나는 여러분의 선한 손에 이 책이 놓이게 된 것에 감사한다! 사회성 이야기들을 즐겁게 탐험하고 사용지침서를 완수하며 CD의 제한 없는 사용법을 발견하기를 바란다. 나는 진심으로 여러분에게 이 자료가 오래된 친구처럼 도움이 되고 여러분의 서재에 믿음직한 책으로 오랫동안 꽂혀 있기를 바란다. 여러분과 여러분의 독자가 원하는 바를 이루기를 빈다.

The New Social Story Book

사회성 이야기 10.1
사용지침서

사회성 이야기 10.1 사용지침서에 대한 소개

사회성 이야기 10.1 사용지침서 장에 온 것을 환영한다! 이 장은 현재의 10.1 기준에 따라 사회성 이야기를 쓰는 것에 대한 안내 가이드다. 여러분은 여러분의 보호를 받는 아이들을 위해서 사회성 이야기를 쓸 수 있도록 그 기초를 배울 것이다. 알다시피 나는 자폐 스펙트럼 장애(autism spectrum disorder: ASD)가 있는 학생들을 위해 이 책에 이야기들을 썼다. 그 이야기들은 여러분에게 도움이 될 것이다. 각각의 사용지침을 읽을 때마다 그 이야기들을 자주 언급할 것이다.

사회성 이야기는 열 가지의 정의된 기준에 따라 상황, 기술, 또는 개념을 묘사한다. 이러한 기준들은 사회성 이야기가 전체적으로 참을성 있고, 지지적인 특징을 가지도록 보장한다. 그리고 독자를 위해 서술적이고, 의미 있고, 신체적 · 사회적 · 정서적 안전을 위한 구성방식과 어투(voice) 그리고 적절한 내용을 가지도록 안내한다. 이 기준은 사회성 이야기가 무엇인지, 그리고 그것을 연구하고, 쓰고, 도해(圖解)하는 과정을 정의한다.

이 장에서 그러한 기준들은 열 가지 사용지침으로 논의된다. 순서대로 그것들을 공부하라. 각 사용지침들은 기준에 대한 간단한 정의로 시작되고, 그 뒤에 짧은 논의, 활동과 답변, 그리고 결론이 이어진다. 답변은 각 활동에 바로 이어지는 설명에서 논의된다. 이러한 이유로 각 활동을 끝낸 후에 그다음을 읽어야 한다. 또한 각 사용지침의 결론을 읽는 것은 매우 중요하다. 항상 결론이 간단하지는 않다. 제목이 붙여진 대로 결론이다. 결론에 앞서 언급되지 않은 내용이 있거나 추가적인 활동이 제안될 수 있다. 마지막으로, 모든 사용지침을 한 번에 끝마칠 필요는 없다. 사실 분량을 나누어 하는 것이 더 효과적일 수 있는데, 아마 매일 저녁에 하나씩 마치는 것이 나을 것이다.

10.1 기준은 외우기 쉽게 이름 지어졌다. 그래서 사회성 이야기를 개발하는 저자들이 매번 이 책을 펼쳐 보지 않을 수 있도록 해 준다.

10.1 기준은 다음과 같다.

1. 하나의 목표(One Goal)
2. 두 단계의 발견(Two-Part Discovery)
3. 세 가지 부분과 제목(Three Parts and a Title)
4. 구성방식(FOURmat)[1]
5. 어투와 어휘를 정의하는 다섯 가지 요소(Five Factors Define Voice and Vocabulary)
6. 이야기의 전개를 이끄는 여섯 가지 질문(Six Questions Guide Story Development)
7. 문장의 일곱 가지 형태(Seven Types of Sentences)
8. 대단한 공식(A GR-EIGHT Formula)[2]
9. 아홉은 이야기를 내 것으로 만든다(Nine Makes It Mine)
10. 편집과 실행에 이르는 열 가지 지침(Ten Guides to Editing and Implementation)

각 사용지침을 마친 후에 그 기준의 제목들을 목록화하려고 노력하라. 가끔씩 내가 여러분이 그렇게 하도록 상기시켜 주겠다. 여러분이 열 가지 사용지침을 마칠 때쯤 나는 여러분이 그것들을 외우게 될 것이라고 확신한다.

1) 4를 나타내는 Four와 Format을 합성시켜 FOURmat이라는 신조어를 만들어 기억을 도우려는 저자의 말장난(역자 주).
2) Great라는 단어와 8을 나타내는 Eight을 합성하여 GR-EIGHT이라는 신조어를 만들어 기억을 도우려는 저자의 말장난(역자 주).

사회성 이야기의 어휘

먼저 사회성 이야기의 몇몇 기본적인 어휘들을 확립하는 것이 중요하다. 이 어휘들은 시간을 절약하여 저자들(바로 여러분!)이 효과적으로 눈앞의 과제에 집중할 수 있게 해 준다.

- **저자**(Author): 저자는 여러분이다. 사회성 이야기를 연구하고 개발하는 사람이다. 또한 저자는 부모님과 전문가로 구성된 팀 또는 다른 누군가가 될 수도 있다. 저자는 각각의 사회성 이야기와 그것을 만드는 과정을 정의하는 10개의 기준을 지킨다. 저자의 특별한 기술 덕분에 **저자**라는 단어는 항상 사회성 이야기에 대한 참고 자료에서 사용될 때 대문자로 시작된다.
- **독자**(Audience): 저자는 특별한 독자들을 위해 글을 쓴다. 가장 빈번하게는 자폐를 가진 아이, 청소년, 또는 성인이다. 각각의 사회성 이야기는 독자의 연령, 성별, 능력, 성격, 기호, 취미를 포함하는 몇 가지의 개인적 요인을 검토하여 개발된다. **독자**라는 단어는 항상 사회성 이야기에 대한 참고 자료에서 사용될 때 대문자로 시작된다.
- **사회성 이야기**(Social Stories™): 사회성 이야기의 정의는 다음에서 나타나 있다. 언제라도 **사회성 이야기**라는 단어는 대문자로 시작되고 현재의 10.1 기준의 모든 것을 충족하는 사회성 이야기를 말한다. 이것은 그 기준을 충족시킬 수 없는 소문자의 '사회성 이야기'와 구별된다. 이 단어가 사용지침서에서 사용될 때, 그것은 사회성 이야기와 사회성 기사(Social Articles)를 뜻한다. 사회성 기사는 사회성 이야기의 좀 더 심화된 형태다. 그것들은 종종 더 나이가 많고 학업적으로 상급인 학생들을 위해 쓰인다. 사회성 기사는 사회성 이야기와 똑같은 기준을 지킨다.
- **이야기**(Story): 언제든 **이야기**라는 단어가 대문자로 시작될 때는 현재의 10.1 기준에 만족하는 사회성 이야기를 말한다. 그것은 단순히 앞에 나온 사회성 이야기라는 단어를 생략한 단어다. 비슷하게 대문자로 쓰인 이야기는 그 기준을 충족시키지 못하는 다른 이야기들(소문자)과 구별된다.
- **팀**(Team): 팀은 부모님과 전문가들을 포함한다. 이들 모두는 자폐 스펙트럼 장애를 가진 개인을 대신해서 함께 일한다. 이 그룹의 특수성과 그들이 만나고 다루는 특별한 문제들 때문에 **팀**은 항상 대문자로 시작된다.

활 동

여러분은 벌써 사회성 이야기와 관련된 경험들을 가지고 있을 것이다. 여러분은 사회성 이야기 하나를 읽거나, 썼거나, 들었거나, 보았거나, 또는 그것이 이용되는 공간에 있었을 수 있다. 나는 짤막한 활동을 여러분을 위해 나열했다. 이것이 사회성 이야기인가? 먼저 활동을 마치고 나서 읽기를 계속하라.

활동 소개: 이것은 사회성 이야기인가

사용 설명: 다음의 이야기를 읽어 보라. 그것은 사회성 이야기인가?

□예 □아니요

많은 사람들은 사회성 이야기를 쓴다. 여러분도 사회성 이야기를 쓰는 방법을 배우고 싶을 것이다. 이제 여러분은 교실의 학생들을 위해 이야기를 쓸 수 있게 될 것이다. 동시에 여러분은 즐거울 것이다!

여러분은 다른 시각적인 전략과 사회성 이야기를 구별할 수 있는 열 가지 기준에 대해서 배우기 위해 이 장의 사용지침을 사용할 수 있다. 자신의 속도에 따라 각 사용지침을 공부하라. 즐기기를 바란다!

답변: 이것은 사회성 이야기가 아니다. 그것은 열 가지 기준에서 벗어나는 실수를 포함하고 있다. 여기에 그중 세 가지가 있다.

- 모든 사회성 이야기는 주제를 나타내는 제목을 가지고 있다. 덧붙여 사회성 이야기는 도입, 본문, 결말을 사용하면서 견고한 이야기 구조를 사용한다. 이 이야기는 제목과 도입, 본문, 결말이 확실하지 않은 서술을 포함하지 않는다.
- 사회성 이야기는 1인칭 또는 3인칭 시점을 갖는다. 2인칭 시점이나 '너/여러분'으로 시작하는 문장은 허락되지 않는다. 이 이야기는 몇 개의 2인칭 문장들을 포함한다.
- 사회성 이야기는 정확하고, 추측을 사용하지 않는다. 그래서 '동시에 여러분은 즐거울 것이다.'와 같은 문구는 사회성 이야기에서는 사용되지 않는다. 그 문구는 독자의 경험을 가정한

다. 그것은 사실이거나 사실이 아닐 수 있는 추측이다.

이것은 자주하는 흔한 실수다. 나는 사람들이 '사회성 이야기'라고 언급하는 기준에서 벗어나거나 완전히 기준을 무시한 몇 가지 이야기를 검토해 왔다. 사회성 이야기라는 용어가 종종 자폐스펙트럼 장애에 놓여 있는 사람들을 위해 쓰여지는 아무 글에나 부주의하게 붙여진다. 결과적으로 많은 잘못된 정보가 있어서 궁극적으로 이 중요한 교육적인 도구의 질과 안정성을 위협한다.

이 접근법에 대한 '감(感)'을 얻기 위해 이 책에서 몇 가지 사회성 이야기를 무작위로 선택하라. 그것들을 읽으면서 제목, 도입, 본문, 결말을 표시해 보고, 2인칭 문장이 없는 것을 확인한 후 각 이야기가 대상으로 하는 독자의 전반적인 수준을 가늠해 보라. 이 책의 이야기들은 공통적으로 추가적인 특징을 가지고 있다. 우리는 열 가지 기준에 따라서 그들이 공유하는 특징을 각각 토론하게 될 것이다.

결 론

나는 개인적으로 사회성 이야기에 대해 배우려고 시간을 쓰는 여러분에게 감사하고 싶다. 그렇게 함으로써 여러분은 이 중요한 교육적 개입의 질과 통합성을 보호하도록 우리를 돕고 있다. 나는 진심으로 여러분의 노력에 감사한다. 그에 대한 보답으로 최선을 다해서 여러분이 사회성 이야기를 개발하고 쓰는 기술을 배우도록 지원할 것이다.

"첫 번째 기준: 하나의 목표"

정 의

사회성 이야기의 목표는 과정, 구성방식, 어투, 그리고 내용을 이용하여 정확한 정보를 공유하는 것이다. 그 내용은 상황을 묘사하고, 의미 있고, 독자의 신체적 · 사회적 · 정서적 안전을 위하는 것이다. 모든 사회성 이야기는 전체적으로 참을성 있고, 안심시켜 주는 어투를 사용한다.

활 동

다른 사용지침들과 다르게 이것은 활동으로 시작한다. 활동을 마치고 나서 답변과 사용지침의 나머지를 읽어라.

> **기준 1 활동: 하나의 목표**
>
> 사용 설명: 이 사용지침의 정의를 다시 읽어라. 그러고 나서 이 질문에 대답하라.
>
> 사회성 이야기의 목표는 독자가 저자나 팀이 원하는 것을 하도록 하는 것인가?
>
> 하나를 체크하라: □예 □아니요

답변: 가장 흔한 오해는 독자의 행동을 변화시키는 것이 사회성 이야기의 목표라는 것이다. 하지만 결코 그랬던 적이 없다. 사회성 이야기의 목표는 정확한 정보를 의미 있고 안전하게 공유하자는 것이다. 널리 인정되는 바와 같이, 그것은 종종 특정한 개념이나 기술 또는 상황에 관심을 끌어들이는 활동이다. 그러나 우리의 목적이 단순히 행동을 변화시키는 것이라면, 우리는 '아이들에게 무엇을 하라고 말하기'에 집중할 것이다. 독자는 아마도 무엇을 하라고 이미 여러 번 들었을 가능성이 있다. 대신에 사회성 이야기는 좌절이나 잘못된 정보의 배경이 되는 원인에 초점을 맞춘다. 저자들은 독자들이 보다 효과적으로 반응할 수 있도록 도와주는 정보를 찾아내고 공유하기 위해 애쓴다. 이것은 사건이나 기대에 대한 이해 향상을 유도하는 사회성 이야기가 종종 행동의 향상을 보장한다는 이론이다.

논 의

모든 사회성 이야기는 어떤 주제든 상관없이 독자에 대한 확고한 존경심을 가지고 있다. 이 책의 '사람들이 목욕이나 샤워를 해야 하는 이유'(이야기 #98)라는 제목의 이야기를 읽어 보아라. 많은 부모님과 전문가들은 돌보고 있는 아이, 청소년, 성인에게 개인 위생의 중요성을 이해시키는 데 어려움을 갖는다. 이 이야기는 그 주제를 사려 깊은 표현으로 설명한다. 3인칭 문장들은 독자를 비난하지 않고 대체적으로 목욕의 중요성을 설명한다. 또한 그 이야기는 내용을 즐겁고 재미있게 하기 위해서 역사적 사실과 약간의 유머를 결합시켰다. 이 책의 다른 이야기들도 모두 정보를 정확하고 의미 깊고 안전하게 공유하는 데 적합하도록 비슷한 전략을 이용하였다.

신체적 · 사회적 · 정서적 안전은 이야기에서 저자의 첫 번째 관심사다. 신체적 안전이라는 용어에 대해서는 다음의 예를 살펴보아라. 엄마는 아들 해리슨을 위해서 해변에서 수영하는 것에 관한 이야기를 쓴다. 그녀는 물에 있는 해리슨의 사진을 포함시킨다. 사진에는 다른 사람은 없다. 그 사진이 찍혔을 때 비록 사진 앵글 밖에 있기는 했지만, 아이 바로 옆에는 아빠가 있었다. 사진에 나온 대로만 해석한다면—해리슨의 눈과 마음을 통해서—그 사진은 해리슨에게 혼자 수영해도 된다고 허락하는 것처럼 보일 수 있다. 나중에 논의되겠지만, 사회성 이야기의 저자들은 문자적으로 정확한 글과 삽화를 집어넣으려고 애쓴다. 이것은 정확성과 의미를 유지하도록 한다. 해리슨을 위한 수영에 관한 이야기에서 예시되었듯이, 문자적 정확성은 그의 신체적 안전에도 중요하다.

사회적 안전도 똑같이 중요하다. 1학년 선생님인 반스 여사는 여섯 살인 아담을 위해 이야기를 쓴다. 그녀는 반 학생들에 대하여 다음의 문장을 포함시킨다. “여기에 있는 우리 모두는 친구다. 친구들은 서로 돕는다.” 아담은 그 이야기를 읽고 쉬는 시간에 밖에 나갔다. 2명의 반 ‘친구들’이 그에게 다가와서 바지를 내리라고 말했다. 이야기의 정보에 따르면, 이 2명의 반 친구들은 친구이고, 친구들은 서로 돕는다. 그래서 아담은 친구들의 요구에 따랐다. 아담은 친구들이 돌아서 웃으면서 가 버렸을 때 혼란스러웠다. 아담의 이야기는 부정확했다. 반 친구들이 모두 친구는 아니다. 반스 선생님은 사회성 이야기를 제대로 쓰지 못했다. 선하고 고상한 의도로 쓰기는 했지만 그녀는 안전하지 못한 이야기를 썼다.

내 경험으로 봤을 때 저자들의 가장 흔한 실수는 정서적 안전을 위협하는 문장들을 이야기에 쓰는 것이다. 다음의 이야기들에서 뽑아 온 몇 가지 예가 있다. “나는 종종 방해한다.” “때때로 나는 다른 아이들을 때린다.” “나는 종종 사람들이 내게 말할 때 듣지 않는다. 그것은 무례한 것이다.” 다섯 번째 기준의 사용지침에서 훨씬 더 자세히 논의되겠지만 자기 비하 조의 문장이나 독자에 대한 부정적인 언급은 사회성 이야기에서 허락되지 않는다. 그런 것들은 즉각적으로 자부심을 위협하고, 독자에게 다르게 반응할 수 있는 방법에 대한 어떤 정보도 주지 않고, 그것들에 대한 적절한 근거도 되지 않는다. 게다가 부정적인 행동과 연관해서 독자의 목소리를 사용하는 것—즉, 1인칭 문장—은 자기 비하 조의 문장을 사용하는 모델을 제시하는 것이고, 동시에 독자를 존중하지 않는 것이다.

결 론

모든 사회성 이야기의 바탕이 되는, 하나의 목표는 남아 있는 기준을 대표하는 것이다. 두 번째, 세 번째, 네 번째 기준은 온전한 이야기의 내용, 구조, 그리고 의미 있는 구성방식을 가진 이야기를 탐색하고, 개발하고, 발전시키고, 적용하는 과정과 관련 있다. 모든 이야기의 어투는 다섯 번째 기준에서 정의되고, 참을성 있고 안정시키는 특징적인 어투에 직접적으로 관련되어 있다. 여섯 번째, 일곱 번째, 여덟 번째 기준은 모든 사회성 이야기의 묘사적인 특징에 초점이 맞춰져 있다. 의미는 사회성 이야기에서 결정적으로 중요하고, 아홉 번째 기준은 독자의 관심사에 연결함으로써 그것에 기여한다. 최종적으로 열 번째 기준은 모든 이야기를 주의 깊게 탐색하고 개발하는 과정이 사회성 이야기의 실행에 반영된다는 것을 보증한다. 남아 있는 사용지침에서는 이러한 각각의 기준들이 더 자세히 논의될 것이다.

"두 번째 기준:
두 단계의 발견"

정 의

목표를 명심하고 저자들은 적절한 정보를 모은다. 그 정보는 다음의 두 가지에 관한 것이다.

- 상황, 기술, 또는 개념에 관련된 독자의 이해를 향상시키기
- 이야기에서 공유하고 있는 정보의 특정한 주제와 형태를 확인하기

논 의

사회성 이야기는 독자들의 신뢰를 얻을 만한 자료들이다. 이를 얻기 위해서 저자들은 두 단계를 완성시킬 필요가 있다. 첫 번째, 저자들은 정확한 정보를 모은다. (때때로 정보를 모으는 과정에서 저자는 해결책을 발견하고는 사회성 이야기가 필요하지 않게 된다.) 두 번째, 저자들은 이야기에서 공유될 정보의 주제와 형태를 확인한다.

불행하게도 이 기준은 자주 잊혀지거나 간과된다. 많은 저자들은 이 기준이 어떻게 비효율적인 이야기와 '정곡을 찌르는' 사회성 이야기 사이의 차이를 나타낼 수 있는지 아는 데 실패한다. 게다가 열 가지 기준 중에 이것은 글쓰기 과정에서 초기에 이야기의 수준에 기여하는 '첫 단추'다. 그것은 남아 있는 나머지 기준들에 직접적인 영향을 끼친다.

정보 모으기

최근 직접적인 설명과 연구에 의해 지속적으로 증가하고 있는 사회성 이야기에 대한 근본적인 근거는 자폐 스펙트럼 장애를 가진 아이나 성인이 자주 사회적 사건을 다르게 인식할 수도 있다는 것이다. 이러한 사실은 독자의 학습 스타일, 능력, 관심사, 도전받고 있는 사항, 그리고 그것들 모두가 사회적 이해에 미치는 영향을 고려해서 저자들에게 '모든 가정을 포기하기'를 요구한다. 달리 말하면 저자들은 항상 독자의 입장에서 사건이 어떻게 보이고, 느껴지고, 냄새 나거나, 들리는지—또는 어떤 개념으로 인식되는지—를 결정하려고 노력해야 한다.

특정한 주제를 규정하기에 앞서 정보를 모으는 것은 중요하다. 그 주제에 대해 성급하게 단정하는 것은 사회성 이야기 개발에 있어서 정보 찾기를 제한할 수 있다. 그보다 저자들은 일반적으로 목표로 하는 상황이나 주제 영역으로 시작하여 정보를 모으고, 그러고 나서 특정한 주제와 이야기의 초점을 그 안에서 발견해야 한다. 이러한 바른 순서—특정한 주제나 제목에 대한 확인에 앞서 먼저 정보 모으기—는 저자에게 시간을 절약해 주고 독자의 혼란을 막아 준다.

팀은 중요한 정보원이다. 저자는 목표로 하는 상황, 개념, 또는 기술을 모든 팀원과 논의해야 한다. 팀의 각 구성원은 다른 귀중한 전문 지식과 견해를 가지고 있을 수 있다. 팀이 이야기 개발에 일찌감치 관여하는 것은 모두를 '합심하게' 하고 중복되는 노력을 피하게 한다. 그것은 확실히 괜찮고 종종 자기 자신에 관한 이야기를 쓰는 저자에게도 필요하다. 이야기가 실행되기 앞서 팀은 다시 한 번 이야기의 초안에 관한 피드백을 요구받을 것이다.

적어도 두 가지의 관찰자 시점이 요구된다. 첫 번째는 3인칭의 '관찰자' 시점에서 상황이나 개념을 정의하는 데 관련된 단서들에 관한 정보를 모으는 것이다. 두 번째는 저자('나')를 활동 가운데 두는데, 그 과정에서 경험은 계속적으로 독자가 지각하고 인식하는 관점에서 다뤄진다. (1인칭 시점)

정보를 모으는 과정에서 주제는 종종 발견된다. 주제의 발견은 주제를 만드는 것보다 선호된다. 주제가 '발견'되면 독자의 혼란, 잘못된 정보, 또는 도전을 받고 있는 상황들에 대한 뿌리가 즉각적으로 명료해지고, 그 주제는 확실해진다. 반대로, 만들어진 주제들은 모아진 정보를 바탕으로 해서 추측된다. 때때로 저자들은 만들어진 주제를 사용할 수밖에 없기도 하다. 하지만 다음의 예에서 설명되듯이 주제의 발견이 더 선호된다.

앤드류는 1학년으로 클라크 선생님이 담임인 반의 학생인데, 수학을 힘들어했다. 딱 한 번 그는 도움을 요청하려고 손을 들었다. 그의 상담사로서 나는 왜 앤드류가 손을 들어 질문하는 것을 포기해 왔었는지 궁금했다. 나는 앤드류에게 그것에 대해 더 알기 위해 그림을 그리도록 했다. 우리는 앤드류가 손을 들었을 때 무슨 일이 일어났는지에 대해서 그림을 그렸다. 그러는 동안 앤드류는 "나는 다시는 손을 들지 않을 거예요. 우리 선생님은 수학에 대해 하나도 몰라요."라고 말했다. 나는 왜 그가 그렇게 느꼈는지 물었다. "글쎄, 내가 손을 들었어요. 클라크 선생님이 다가와서 말씀하시기를 '그래, 앤드류, 첫 번째 숫자가 무엇이지?'라고 물었어요. 그레이 선생님, 클라크 선생님은 숫자에 대해 아는 것이 없어요."라고 말했다. 이야기의 주제는 선명해졌다. 나는 두 가지의 주제에 대해 썼다. 하나는 그의 선생님이 무엇을 알고 있는지에 관한 것이다. 첫 번째 주제에는 그녀의 학위와 그녀가 다 마친 1학년 수학 숙제를 포함했다. 두 번째 이야기는 어째서 선생님이 답을 알면서도 질문을 하는지에 관해 설명했다. 두 가지 이야기를 읽은 직후에 앤드류는 다시 손을 들어 질문하기 시작했다. 내 경험에 비추어 보면, 발견되는 주제들은 솔직히 최고로 좋은 것이다. 그것들은 저자들의 노력을 바로잡고, 종종 즉각적이고 긍정적인 영향을 가진 이야기로 탄생된다.

주제에 관한 중요한 결론: 모든 사회성 이야기의 50%는 독자가 잘하는 것에 대해 박수를 쳐 줘야 한다. 이 책의 "붐비는 사람들 사이를 지나갈 때 '실례합니다.' 라고 말하기" (이야기 # 66)가 한 예다. 그 근거는 간단하다. 사회성 이야기는 새로운 개념과 기술을 가르치는 데 유익할 뿐만 아니라 칭찬받을 만한 의미와 세부사항을 덧붙이는 데도 또한 매우 효과적이다. 이 얼마나 자부심을 키우는 데 훌륭한 방법인가! 독자들을 칭찬하는 이야기들에서도 정보 수집 요구를 포함하는 열 가지 기준이 다른 이야기들에서와 똑같이 적용된다. 독자가 단지 도전을 받고 있는 상황, 개념, 또는 기술에 대해서만 묘사하는 이야기를 쓴다면, 그들은 글쓰기 과정에서 요구되는 중요한 부분을 무시하고 있는 것이다. 그들은 사회성 이야기를 쓰는 것이 아니다.

사회성 이야기 정보의 형태

사회성 이야기 정보에는 세 가지 형태, 즉 **소식, 소식에 대해 생각하는 방식**, 그리고 **연관과 함축**이 있다. 그것들 사이에는 확실히 겹치는 부분이 있다. 우리의 목적을 위해서는 그것들을 서로 구별하는 것이 중요하다. 각각은 사회성 이야기에서 특정한 초점과 역할을 가지고 있다.

소식은 목표로 하는 상황, 개념, 또는 기술을 묘사하는 객관적인 정보다. 소식(News)은 종종 이야기의 주제를 소개하고, 또 글 전체에 걸쳐 관련된 단서들을 묘사한다. 예를 들어, 생일파티 초대에 관한 사회성 이야기를 이렇게 시작할 수 있다. "나는 안젤라의 생일파티에 초대받았어. 그녀는 여섯 살이 된 거야." 후에 우리는 묘사하는 문장들에 대해서 이야기를 할 것이다. 이러한 문장은 객관적인 진술이다. 사실에 근거하고 가정을 하지 않는 전달수단으로 묘사하는 문장은 소식을 표현하는 데 완벽하다.

소식에 대해 생각하는 방식은 인지적 과정, 문제해결, 그리고 갈등해소 전략을 포함하면서 어떻게 소식을 효과적으로 처리하는가를 설명하는 것이다. 생일파티 초대의 예를 계속해서 들면, 소식에 대해 생각하는 방식은 과거에 관련된 경험을 불러온다. "우리가 안젤라의 파티에서 무엇을 먹고 할 것인지 짐작하기 위해서 나는 다른 파티에 대해 생각하려고 애쓸 수 있다. 작년에 나는 트레이시의 생일파티에 갔다. 케이크가 있었다. 우리는 게임을 했다." 관련된 과거의 경험을 언급하는 것에 덧붙여, 이 정보의 형태는 독자가 긴장을 풀고, 스스로를 통제하고, 효과적으로 도전적인 상황을 헤쳐나가도록 하는 전략들을 설명할 수 있다.

연관과 함축은 과거, 현재, 미래의 경험들과 배움 사이의 관계를 설명하는 정보다. 생일파티 초대 이야기의 결론을 맺고 있는 문장들은 안젤라의 파티에서 무슨 일이 일어날 것인지에 대해 '논리적인' 추측을 할 수 있게 과거의 경험을 불러온다. "생일파티에는 종종 생일 케이크가 있다. 안젤라의 파티에는 __________이 있을 것이다. 생일파티에서는 종종 게임을 한다. 안젤라의 파티에서는 __________을 할 것이다." 사회성 이야기에서 연관(Connection)과 함축(Implication)을 만들기 위해서 저자는 '독자가 과거에 이것과 비슷한 무엇을 경험했는가? 그것이 현재 어떻게 도움을 주는가? 그리고 미래에 추측되는 것은 무엇인가?'라고 묻는다. 과거, 현재, 미래가 이어질 때마다 연관과 함축이 작용한다.

활 동

기준 2 활동: 두 단계의 발견

사용 설명: 밑의 각 문단을 읽어라. 그것은 어떤 형태의 정보인가? 해당하는 것에 동그라미를 하라. 소식(N), 소식에 대해 생각하는 방식(W), 또는 연관과 함축(C & I). 각 질문의 답은 하나뿐이다.

1. 3월 9일 화요일 오후에 조회가 있을 예정이다.

N W C & I

2. 지난주 월요일에는 마르코가 음식점을 골랐다. 오늘은 내가 음식점을 고를 수 있다. 다음 주 월요일은 카를로스가 음식점을 고를 차례다.

N W C & I

3. 어떤 아이들은 천천히 깊은 숨을 들이마시면서 긴장을 푼다. 긴장을 풀기 위해서 나는 천천히 깊은 숨을 들이마시도록 시도해 볼 수 있다.

N W C & I

답변: 이 활동은 정보의 세 가지 형태 각각을 대표한다. '3월 9일 화요일 오후에 조회가 있을 예정이다.'는 신문 배달원이 보낸 정확한 정보다. **예정**이라는 단어는 조회가 계획되어 있지만, 예상치 못하는 것이 발생할 수 있다는 것을 알려 준다. 그것은 소식이다(N). 그리고 정확하다. 월요일에 음식점을 선택하는 것에 관한 구절에서 과거(지난주 월요일), 현재(이번 주 월요일), 미래(다음 주 월요일)가 연결되어 있다. 관련 있는 연결은 시간을 따라 다른 시점에 발생하는 세 가지 사건들 사이에서 펼쳐진다. 그것은 연관과 함축을 보여 준다(C & I). 마지막 문장은 긴장을 푸는 전략을 설명하고 있다. 그것이 어떤 아이들에게는 효과적이라고 언급하고, 사실 그것이 독자들에게도 효과적일 거라는 암시를 하면서 정확성을 잃지 않으려고 주의 깊게 설명하고 있다. 정보의 형태로 보면 그것은 소식에 대해서 생각하는 방식이다(W).

결 론

두 단계의 발견은 사회성 이야기 기준에 환영받는 새로운 것이다. 정보는 그것의 임무다. 그것은 주제를 구별하기에 앞서 정보를 모으는 중요성을 반영하고 우리에게 이야기의 수준에 기여할 수 있는 다른 정보의 형태에 대해 상기시킨다. 의미와 안전의 중요성을 강조하는 사회성 이야기의 목표를 뒷받침하면서 두 단계의 발견은 저자들이 뉴스 리포터의 음성녹음기처럼 '훌륭한 기록을 하는 것'을 가능하게 한다. 두 단계의 발견은 무엇보다도 우리가 이야기를 즉시 얻도록 도와준다.

"세 번째 기준: 세 가지 부분과 제목"

정 의

사회성 이야기는 주제를 확실히 규정해 주는 제목과 도입, 세부사항을 추가하는 본문, 그리고 정보를 다시 강조하고 요약하는 결말이 있다.

논 의

다른 좋은 이야기들과 비슷하게, 사회성 이야기는 견고한 구조와 구성에 뿌리내리고 있다. 각 이야기는 제목과 도입, 본문, 결말을 가지고 있다. 사회성 이야기의 의도와 독특한 독자들을 고려하면, 이러한 '이야기의 기본 구조'의 중요성은 더욱 증대된다. 이 책에서 검토할 2~3개의 이야기들을 골라서 각각 이러한 중요한 이야기 요소들을 포함하고 있는지 표시해 보라.

도입, 본문, 결말을 명심하는 것은 저자들이 사회성 이야기에서 가장 중요한 개념을 효과적으로 규정하고(도입), 서술하고(본문), 다시 강조하는 데(결말) 도움이 된다. 도입은, 예를 들면 '내가 장난감을 잃어버리면 사람들은 도와줄 수 있다.'처럼 명료한 주제의 문장을 포함한다. 때때로 저자가 '내 이름은 제레미다.'와 같이 주제를 소개하기에 앞서 먼저 독자들의 관심을 끄는 문장을 집어넣을 수 있다. 본문은 도입 바로 다음이다. 본문은 '엄마나 아빠가 내 장난감을 찾는 방법을 알고 있다. 우리는 생각하고 찾으려고 애쓸 것이다.'와 같은 문장들과 함께 추가적인 묘사나 설명을 덧붙인다. 결말은 독자를 다시 이야기를 시작하게 한 개념, 상황으로 되돌아가게 한다. 그리고 성취에 대해 언급한다. '사람들은 내가 장난감 찾는 것을 도와줄 수 있다.'처럼 추가적인 정보의 이점과 함께 원래의 의도를 다시 말한다. 종합적으로 도입, 본문, 그리고 결말은 사회성 이야기의 복잡함이나 길이에 관계없이 그 전개를 이끌고 간다.

저자의 생각을 조직화하고, 순서대로 배열하는 것에 덧붙여 제목, 도입, 본문, 그리고 결말로 이루어진 구조는 독자들에게 정보를 선명하게 해 준다. 일반적인 아이들에게는 이야기가 먼저 제목과 도입으로 시작한다는 것을 아는 것은 연속적인 세부사항(본문)이 놓일 수 있는 구조를 제공받는 것이다. 이야기가 결말에 다다르면, 중요한 세부사항들이 재차 강조된다. 한 가지 차이점을 빼면 사회성 이야기에서도 똑같다. 독자들이 개념화, 순서화, '요지파악' 또는 전체를 보는 것, 정보를 개별적 경험에 적용하는 것에 내재적인 어려움을 가지고 있다는 것이다. 이것은 각 이야기 안에 명료한 조직화의 중요한 역할을 증가시킨다.

활 동

기준 3 활동: 세 가지 부분과 제목

사용 설명: **세 번째 기준을 고려해서 다음 문장을 완성하라.**

사회성 이야기는 적어도 ______개의 문장을 가지고 있어야 한다.

답변: 명료하고 의미 있는 도입, 본문, 그리고 결말을 갖기 위해서 사회성 이야기는 적어도 3개의 문장으로 이루어져야 한다. 물론 제목은 포함되지 않는다.

결 론

앞으로 더 진행하기 전에 잠깐 멈추어 앞선 세 가지 지침을 외우려고 애써라. 그래, 지금 하나라도 더 읽기 전에. 그것은 하나의 목표, 두 단계의 발견, 세 가지 부분과 제목이다. 여기까지 우리는 하나의 목표를 논의했고, 두 단계의 발견이 무엇을 의미하는지 살펴보았다. 또한 우리는 기본적인 이야기 구조를 살펴보고, 왜 모든 사회성 이야기가 세 가지 부분과 제목을 가지고 있어야만 하는지에 대해 논의했다. 다음은 구성방식이다.

"네 번째 기준: 구성방식"

정 의

사회성 이야기는 독자들에게 내용을 명확히 하고, 의미를 강조하는 구성방식을 가지고 있다.

논 의

사회성 이야기에서 구성방식이라는 단어는 글과 삽화(插畵)의 개별화, 조직화, 그리고 발표를 가리킨다. 글과 삽화를 독자의 요구사항에 짜 맞추는 여러 가지 방식이 있다. 이야기의 길이, 문장의 구조, 어휘, 서체의 종류와 크기, 그리고 글과 삽화의 조직화를 포함하여 여러 가지의 개별화된 요인이 고려된다. 모든 사회성 이야기의 기술과 과학은 독자에게 가장 의미 있을 것 같은 구성방식 요소를 선택하고 있다. 달리 말하면, 구성방식은 독자의 이해를 위해서 전개되고, 결과적으로 그것은 독자의 이해를 도와줄 수 있다.

연령과 능력

독자의 연령과 능력은 구성방식을 고려하는 데 중요하다. 조금 더 어린아이들을 위해서는 각 페이지나 모든 이야기를 꼼꼼히 읽는 데 걸리는 시간이 짧을 필요가 있다. 일반적으로 어린아이를 위한 사회성 이야기는 3~12개의 짧은 문장을 포함한다. (2개 이상의 짧은 문장을 만들기 위해 '쉼표'를 없애라고 종종 추천한다.) 이야기를 읽는 데 걸리는 시간을 하루 중에 아이들이 흔히 하는 다른 상호작용과 활동이 지속되는 시간과 비슷하게 맞춘다. 더 짧은 이야기는 쓰기에 가장 어려운 것들 중 하나다. 종종 주제를 다루면서 동시에 이야기를 짧게 하는 상반된 목표 사이에서 갈등이 뒤따른다. 좋은 해결책은 일단 '모든 것을 다 적고' 원하는 길이로 이야기를 편집하는 것이다. 때때로 어떤 주제는 짧은 이야기로 다루기가 불가능할 것이다. 그 주제의 요구사항을 충족시키면서 아이들의 집중시간을 고려하면 정보는 두 가지 이상의 짧은 이야기로 나누어질 수 있다. 사회성 이야기 세트라고 불리는 이러한 구성방식은 중요한 세부사항을 포함하고 개념을 연결하는 것을 가능하게 하면서 각 이야기의 길이를 제한한다.

더 긴 이야기는 나이가 더 많거나 보다 상급 독자들에게 적합하다. 이러한 이야기들은 12개 이상의 문장—확장된 사회성 기사까지—을 포함한다. 종종 나이와 기술이 증가하면서 동반하는 복잡한 주제를 고려하면 포함 사항과 불포함 사항을 묘사하는 데 더 많은 시간이 소요되는 것이 당연하고, 좀 더 자유로워질 필요가 있다! 이러한 경우에는 '25개 이하'의 단어가 바람직하지도, 필수적이지도 않다. 주제를 다루는 데는 더 높은 우선권이 필요하다.

반복, 리듬, 그리고 운율 맞추기

반복, 리듬, 운율 맞추기는 규칙적인 일상과 예측 가능성을 갈구하는 독자들에게 아주 잘 어울린다. 이러한 요소들은 주의를 집중시키고, 새롭거나 어려운 주제에 친숙함을 줄 수 있다. 이러한 이유로 많은 사회성 이야기는 리듬감 있고 반복적인 구절을 이용한다. "운동장에서 나는 그네를 탈 수 있다. 미끄럼틀을 탈 수 있다. 정글짐을 탈 수 있다. 또는 다른 것을 가지고 놀 수 있다." 운율 맞추기는 이야기를 전개할 때 중요한 역할을 할 수 있음에도 종종 무시된다. 운율은 이야기 전체에 걸쳐 사용될 필요는 없다. 그것은 딱 한 가지의 생각을 강조하는 데 사용된다. 예를 들면, "화가 나는 것은 괜찮다. 내가 무엇을 하고 말하는지가 중요하다." 반복, 리듬, 그리고 운율을 결합시키면 잠재적인 이점이 있지만 독자의 선호도를 조사하는 것 또한 중요하다. 어떤 독자들은 이러한 요소를 '유아적'이라고 할 것이고, 그래서 모욕적이라고 느낄 수 있다. 이것이 경험상으로 볼 때 가장 중요하다. 절대로 독자를 모욕하는 위험을 감수하지 마라.

삽 화

삽화는 많은 사회성 이야기에서 중요한 역할을 한다. 여기서 삽화는 이야기의 의미를 지지하는 시각적인 기술의 사용을 말한다. 삽화 선택에는 구체적인 사물, 사진, 비디오, 그림, 파워포인트 자료, 숫자, 도표들이 포함되지만 이것만으로 제한되지는 않는다. 이것들을 최대한 잘 이용하면 삽화가 정보를 요약하고, 관심을 끌고, 독자의 이해를 높여 준다.

저자들은 이야기를 쓸 때 삽화를 주의 깊게 골라야 한다. 저자들은 혹시나 독자를 잘못 이끌거나 혼란스럽게 하는 것이 있는지 살펴야 한다. 독자가 자주 단어나 문장을 문자 그대로 해석을 하듯이, 사회성 이야기에 있는 삽화도 똑같이 해석할 수 있다. 예를 들면, 토머스가 배변 훈련 이야기를 읽는다. 이 이야기에는 눈길을 끄는 색깔과 세부사항이 많이 포함되어 있다. 삽화 속의 소녀는 노란색 셔츠와 파란색 바지를 입고 있고, 그림에 있는 화장실에는 2개의 작고 대칭된 창문이 있다. 토머스는 2개의 작은 대칭된 창문이 있는 화장실에서 노란색 셔츠를 입고 있을 때 배변 훈련을 하도록 요구받을 것이라고 결론 짓는다. 그가 이러한 요소들이 제자리에 배치되어 있지 않을 때 변기를 사용하라고 요구받고, 그로 인해 스트레스받을 것을 상상해 보라! 토머스가 삽화를 그대로 해석하는 것이 다른 모든 독자에게는 문제가 되지 않을 수도 있다. 그러나 토머스에게는 삽화의 색깔과 세부사항을 줄여 주는 것이 오해의 가능성을 낮춰 줄 수 있다.

사진은 종종 사회성 이야기의 삽화로 이용된다. 사진이 가진 이로운 점은 정확하고, 그림이 전달할 수 없는 의미를 전달할 수 있으며, 디지털 카메라만 있으면 빠르고 쉽게 만들 수 있다는 점이다. 하지만 사진은 너무 정확할 수도 있다. 독자들은 관련 없는 세부사항에 의미를 부여할 수 있다. 주제가 확실하고 배경에 다른 세부사항이 없는 사진이 최고로 효과가 있다. 흑백사진은 흥미로운 주제의 세부사항을 포함하고 연관이 없는 요소(예를 들면, 색깔)를 최소화하기 때문에 컬러사진보다 더 도움이 된다. 그리고 사진의 중요한 세부사항에 동그라미를 쳐 놓으면 독자들이 삽화에서 가장 연관성이 높은 부분에 집중하는 데 도움을 줄 수 있다.

몇 가지 요인이 사회성 이야기에 쓰이는 삽화를 고르는 데 결정적이다. 적절한 이야기를 고르는 것처럼 아이들의 능력과 흥미에 맞는 삽화를 고르는 일은 똑같이 중요하다. 예를 들면, 다음과 같다.

1. 이러한 종류의 삽화를 사용하는 데 독자에게 필요한 기술이 있는가?

2. 독자가 간단한 그림이 제시하는 의미를 이해할 수 있는가?
3. 차트나 도표가 이러한 내용에 더 적합한가, 그리고 독자는 그 의미를 이해하는가?
4. 독자는 그 이전에 이러한 종류의 삽화에 관심을 보였는가?
5. 이러한 삽화의 방법이 과거에 이 아이의 관심을 끌었는가?
6. 삽화에 두 가지 이상의 형태를 조합하면 이 독자에게 최선으로 작용하는가?

여러 가지 선택할 수 있는 삽화들을 염두에 두고 앞에 열거된 질문들을 고려해 보면, 저자들이 독자의 배우는 방식에 일치되는 종류의 삽화를 고르는 데 도움이 된다.

활 동

기준 4 활동: 구성방식

1. 3장에 있는 '실수는 좋은 날에도 일어날 수 있다' 는 이야기를 읽어라. 이 이야기는 유머 그리고 운율이 결합된 방식이다. 이야기의 주제를 고려해 보면, 어째서 이러한 요소들이 중요할까?

____

____

____

2. 이 책에서 여러분의 독자에게 중요한 주제를 설명하는 이야기를 찾아라. 현재 있는 삽화를 무시하고 여러분의 독자를 위해서 어떤 종류의 삽화를 이용할 것인가?

____

____

____

답변: 변화를 효과적으로 받아들이고 대응하는 것은 많은 사람들에게 어렵고, 특히 자폐 스펙트럼 장애가 있는 사람들에게 어려운 것은 사실이다. 이러한 이유 때문에 '실수는 좋은 날에도 일어날 수 있다' 는 유머, 리듬, 그리고 운율이 예측 가능한 형식으로 주제를 둘러싸도록 구성되었다.

결 론

열 가지의 사회성 이야기 기준이 미국이라면, 네 번째 기준은 알래스카 정도일 것이다. 그것은 크다. 저자가 독자에게 효과적으로 다가서는 가능성을 높이는 데는 많은 가능한 구성방식, 변형, 무수한 방법이 있다. 창의적인 저자들은 열 가지 기준에 부합됨에도 불구하고, 사회성 이야기를 쓰는 데—그들이 매번 새로운 주제를 의미 있는 구성방식으로 바꿀 때—제한되지 않는 가능성을 발견할 것이다. 가장 훌륭한 저자는 이러한 잠재력을 이해하고 그들이 쓰는 모든 이야기에 접근하는 데 뭔가 새로운 것을 발견한다.

다섯 번째 기준: 어투와 어휘를 정의하는 다섯 가지 요소

정 의

사회성 이야기는 다섯 가지 요소로 정의되는 참을성 있고, 지지적인 '어투'와 어휘를 가지고 있다. 이 다섯 가지 요소들은 다음과 같다.

1. 1인칭 또는 3인칭 시점의 문장
2. 긍정적이고 참을성 있는 어투
3. 과거, 현재, 그리고 미래 시제
4. 문자 그대로의 정확성
5. 정확한 어휘

논 의

바로 전의 기준 4는 글과 삽화의 배열을 포함하여 이야기를 독자에게 짜 맞추는 데 초점을 맞추고 있다. 다섯 번째 기준은 이야기의 '어투'와 어휘를 연관시키는 다섯 가지의 추가적인 요소를 열거하면서 네 번째 기준의 설명이 끝난 곳에서 시작한다. 이 다섯 가지 요소들은 사회성 이야기가 가진 고유의 참을성 있고 안정시키는 특성에 기여한다. 이 특성은 사회성 이야기를 사회성 대본과 다른 유사한 시각적인 전략과 구별되게 한다.

1인칭 또는 3인칭 시점의 문장

사회성 이야기에서 정보를 공유하기 위해 효과적인 시점을 선택하는 것은 중요하며, 단어를 배치하는 데 있어 전제조건이다. 몇 가지 요인들이 이 결정에 영향을 미치고 최종적으로 이야기의 어투를 결정한다.

많은 사회성 이야기들은 마치 독자가 상황, 사건, 개념을 말하는 것처럼 1인칭 시점으로 쓰인다. 이것은 독자의 관점에서 정보를 제공한다. 이것은 독자의 책임감을 증대시킨다. 특히 독자의 경험을 대변하지 않을 때 부주의하게 독자의 '입을 빌려서 말하지' 않기 위해서 특별히 주의하는 것이 중요하다. 이러한 이유 때문에 '나는 쉬는 시간을 좋아한다.'와 같은 문장은 주제를 벗어나고 잠재적으로 부정확하기 때문에 사회성 이야기에 적합하지 않다. 이야기가 1인칭 시점으로 쓰여도 1인칭과 3인칭 시점의 문장을 동시에 포함하는 것이 가능하다.

사회성 이야기는 신문기사와 같이 3인칭 시점으로도 쓰여질 수 있다. 사회성 기사로 불리기도 하는 이러한 이야기들은 신문에서 형식적인 요소를 빌려오거나 단 배열, 고급 어휘, Times New Roman체를 이용해서 '유치해' 보이거나 글의 질을 떨어뜨리는 것을 최소화한다. 사회성 기사들은 종종 더 나이가 많거나 보다 상급 독자를 위해 쓰인다.

긍정적이고 참을성 있는 어투

사회성 이야기는 긍정적인 언어를 사용한다. 이것은 특히 주어진 상황에서 전형적이거나 바람직하다고 여겨지는 행동을 묘사하는 데 있어 중요하다. 자폐 스펙트럼 장애를 가진 사람은 그의 또래들보다 도전을 받고, 교정받고, 다시 지시받는 경우가 훨씬 더 많다. 독자들에게 요구되는 반응과 그에 대한 합리적인 이유를 명확히 설명함으로써 저자들은 주어진 상황에서 무엇을 해야 할지에 대해 제안을 한다.

사회성 이야기는 독자의 자존감을 안전하게 지킨다. 예를 들면, "나는 선생님의 이야기를 듣는 게 어렵다." 또는 "때때로 화가 나면 나는 사람들을 때린다."와 같은 문장들은 거의 쓸모 있는 정보를 제공하지 못한다. 저자들은 부정적인 행동을 언급하는 데 독자의 목소리를 결코 사용하지 않는다. 대신에 저자는 대체적으로 특정한 독자를 '지칭'하지 않고, 구체적으로 부정적인 행위를 설명할 수 있다. 그리고 여기에는 더 효과적인 대응방식에 대해 배우는 정보도 포함되어 있다. 예를 들면, 저자는 다음과 같이 쓸 수 있다. "모든 아이는 때때로 대화 중간에 끼어드는 문제를 가지고 있다. 연습을 통해 아이들은 언제 말하고, 언제 들어야 되는지를 배운다." 이렇게 부정적인 주제를 다룰 때조차도 긍정적인 어투를 유지해야 한다. 이것은 새로울 수 있는 사회적 정보를 함께 공유하는 동안 독자의 긍정적인 자존감을 유지하고 확립하는 데 도움을 준다.

과거, 현재, 그리고 미래 시제

사람들은 언제든 그들의 자존감을 확립하고, 문제를 해결하고, 결과를 기대하기 위해 과거에 있었던 정보를 사용한다. 이 책의 1장에 있는 '이야기로 배우기'(이야기 #2)라는 이야기에서 이야기로 가르치는 것을 보여 주기 위해서 저자의 세 가지 긍정적인 과거 경험을 설명하고 있다. 과거 경험은 역시 문제를 해결하는 데 중요하다. 왜냐하면 이전에 사용했던 해결책들이 현재의 도전에도 적용될 수 있기 때문이다.

최종적으로 '역사는 되풀이된다.'처럼 과거는 우리가 다음 번에 일어날 일이 무엇인지 예측하는 데 도움이 되고, 긴장감을 낮추고 새로운 일이나 활동을 준비하는 데 중요한 역할을 한다. 이러한 이유 때문에 저자는 과거를 이야기하고, 과거, 현재, 그리고 미래 시제를 사회성 이야기에 사용한다.

문자 그대로의 정확성

저자는 비록 문자 그대로 해석될지라도 정확한 단어, 어구, 그리고 문장을 고른다. 자폐 스펙트럼 장애를 가진 많은 사람들은 사회적 통찰력이 제공하는 추가적인 의미를 해석하지 못하고, 어구와 문장을 '글자 그대로' 해석한다. 이러한 이유 때문에 사회성 이야기는 가능한 한 가장 명료한 언어를 사용하고, 의도된 의미와 표현된 의미에 아무런 차이점이 없어야 한다. 문자 그대로 해석될 때 단어나 어구의 의미가 변하면 그것은 사용되지 않는다. 언어의 정확성이 필수적이지만 유일한 예외는 은유와 비유의 사용과 연관된 것이다. 은유와 비유가 특정한 독자에게 의미가 있을 때는 사회성 이야기에서 사용될 수 있다. 은유와 비유를 제외하면 사회성 이야기는 주제를 명료하고 정확하게 묘사해야 한다.

정확한 어휘

저자들은 가장 정확하고, 가능한 한 충직하게 표현되는 어휘를 사용한다. 사회성 이야기에서 **정확한 어휘**는 저자가 의도하는 의미를 가장 효과적으로 나타내는 단어를 말한다. 이때 두 가지 고려사항이 적용된다. 첫 번째는 긍정적인 어휘 사용과 관련이 있다. 긍정적인 동사들은 부정적인 동사들보다 선호된다. 예를 들어, '나는 복도에서 뛰지 않으려고 애쓸 것이다.' 보다는 '나는 복도에서 걸으려고 노력할 것이다.'를 사용하는 것이 더 좋다. 두 번째는 동사들은 섬세하지만 결정적인 대조를 나타내는 것으로 악명 높다. '아빠가 상점에서 우유를 가질 것이다.'와 '아빠가 상점에서 우유를 살 것이다.' 사이의 차이점을 살펴보라. 우유를 **가진**(get) 사람은 강도일 수도 있다. 우리는 아빠가 우유를 사기 바란다!

어떤 독자는 특정한 단어에 강한 감정적인 반응을 보일 수 있다. 예를 들어, **변화**(change), **새로운**(new), 또는 **다른**(different)과 같은 단어들은 독자가 불편해하거나 쉽지 않게 느끼는 부정적인 상황과 연관될 수 있다. 이런 경우에는 대체할 수 있는 다른 어휘를 사용하는 것이 독자의 관심을 주제 가까이로 끌고 편안하게 유지시키는 데 도움이 된다. 예를 들어, **새로운**이라는 단어 대신에 **또 다른**(another)이라는 단어가 사용될 수 있다. 비록 대체 어휘의 사용이 항상 고려된다 할지라도, 모든 독자에게 필요한 것은 아닐 수 있다.

활 동

다섯 번째 기준은 글을 쓸 때 고려할 몇 가지 사항을 포함하고 있다.

1. 1인칭 또는 3인칭 시점의 문장만을 사용(2인칭 시점의 문장은 제외)
2. 주제와 상관없이 전반적으로 긍정적이고 참을성 있는 어조의 유지

3. 의미를 강조하고, 자존감을 주며, 일반화를 지원하기 위해서 현재 시점에 정보가 가진 잠재적인 가치뿐만 아니라, 관련 있는 과거의 경험 또는 미래의 적용에 대한 고려
4. 정확한 의미를 강조하는 데 도움이 되는 문자 그대로의 정확성
5. 독자에게 가장 정확하고 편안한 어휘의 선택

다음에 나오는 활동을 마치기 위해 사회성 이야기에서 어떤 문장들이 괜찮고, 어떤 것이 쓰여서는 안 되는지를 결정하는 데 앞에 나온 모든 요소를 동시에 고려해라.

기준 5 활동: 어투와 어휘를 정의하는 다섯 가지 요소

사용 설명: **사회성 이야기에서 어떤 문장들이 사용될 수 있는가? '예'면 대문자 Y를 쓰고, 그것이 사회성 이야기에 들어가서는 안 되면 '아니요' 대신에 N을 써라.**

1. ____ 나는 집에서 뛰면 안 된다.
2. ____ 나는 종이에 색칠할 것이다.
3. ____ 너는 쉬는 시간에 재미있을 것이다.
4. ____ 수의사들은 강아지, 고양이, 그리고 다른 동물들에 대해 많이 알고 있다.
5. ____ 우리의 계획이 아직 미정이기 때문에 여정표에 결정된 시간이 없다.

답변: 우리가 사회성 이야기에 쓸 수 있는 문장은 하나로, 그것은 4번이다. 그 외의 모든 문장은 사용될 수 없다. 다음에 각 문장을 어떻게 적절하게 고쳐야 사용될 수 있는지에 대한 설명이 있다.

1. 많은 경우에 집에서 걸어다니는 것은 중요하다.
2. 나는 종이에 색칠하려고 노력할 것이다.
3. 쉬는 시간에 나는 선택권이 있다. 그네를 탈 수 있고, 공을 가지고 놀 수 있다. 또는 다른 것을 하려고 결정할 수 있다.
5. 아빠의 올해 휴가 날짜를 알 때는 우리 가족은 캘리포니아에 가는 여행을 계획할 것이다.

결 론

여기까지 사용지침의 절반을 설명했다. 다섯 가지 기준들을 잠깐 되짚어 보아라! 게다가 무작위로 몇 가지 이야기들을 골라서 읽고, 이 다섯 가지 요소들이 어떻게 사용되고, 어떻게 겹쳐 쓰이는지 자세히 표시해 보라.

"여섯 번째 기준: 이야기의 전개를 이끄는 여섯 가지 질문"

정 의

사회성 이야기는 '육하원칙' 질문에 답을 한다. 정황(어디에서), 시간과 관련된 정보(언제), 관련된 사람들(누구), 중요한 근거(무엇), 기본적인 활동, 행동, 또는 문장(어떻게), 그리고 이유와 그 이유 뒤에 있는 합리적인 근거(왜)를 설명한다.

논 의

특정한 주제(상황, 상호작용, 개념, 또는 기술)에 관한 기본적인 정보들은 사회성 이야기를 쓰는 데 필요하다. 말하자면 그것은 세부사항으로 가득 찬 기본적인 것들이다! 여섯 가지 '육하원칙'(누가, 언제, 어디서, 무엇을, 어떻게, 왜) 질문은 어디에서, 언제 상황이 전개되고, 누가 연관되어 있고, 어떻게 사건들이 연결되고, 무엇이 일어나는지 확인해 주는 전체적인 틀로 이용될 수 있다. 다음으로 '명백한' 세부사항들이 고려된다. 독자가 놓친 단서 또는 개념은 무엇인가? 종종 이것은 마지막 '육하원칙' 질문인 왜에 대한 답변이 된다. 모든 '육하원칙' 질문에 답을 할 필요가 없지만, 이야기(text)가 전개될 때 이야기의 내용만큼 모든 질문이 고려되어야 한다.

글자 그대로 해석하면 상황이나 개념의 기본적인 특질을 묘사하는 데 '육하원칙' 질문을 사용하는 것은 꽤 간단해 보인다. 종종 저자는 특히 왜라는 단어 앞에서 가장 큰 어려움에 직면한다. 내 첫 번째 사회성 이야기 중에 하나는 유치원에서 아이들이 '줄 서는 것'을 설명하기 위해 쓰였다. 당시 나는 아이들이 한 줄로 서서 걷는 것이 왜 중요한지 설명하기 위해 오랜 시간 앉아서 애쓰고 있었다. 이야기가 줄 서는 훈련의 필요성을 지지할 수 있게 하는 근거를 찾을 수 없어 나는 약간 자포자기의 심정이었다. 확실히 수천 개의 사회성 이야기를 쓰고, 많은 해가 흐른 후에도 나는 그때만큼 왜라는 질문에 답할 수 없어 어쩔 줄 몰랐던 적은 없었다. 그것은 한 아이의 유치원의 일상을 설명하는 이야기를 위한 것이었다. 나는 그 아이의 수요일 일과에 있었던 8명의 어른과 일곱 군데의 장소를 이해할 수 없었다! 내가 무엇을 쓰려고 하고 있는가? '가끔 어른들은 순수한 아이들을 위해서 대단한 프로그램을 만들어 낸다. 그래도 괜찮다.' 이 학생의 일과를 양심상 묘사하는 것이 불가능해서 나는 그 학생이 유치원 일과에 적응하기 위해 요구되는 변화를 만들기 위한 이야기를 쓰는 것을 포기했다. '육하원칙' 질문에 대답하는 과정은 집합적인 정확성과 다른 기준에 의해 요구되는 진실성이 동반되어 현명하지 않은 생각, 전략이나 계획을 묘사하거나 '팔기' 위해 사회성 이야기를 쓰는 것을 불가능하게 한다.

어떤 이야기는 효과적으로 여러 가지의 '육하원칙' 질문에 답할 수 있다. 예를 들어, 시작 부분의 첫 문장은 많은 '육하원칙' 질문에 답을 할 수 있다. 즉, 나의 가족은(누구) 오늘(언제) 해변에(어디에) 갈 것이다(무엇). 그 뒤에 해변으로의 여행에서 어떤 일이 벌어질 것인지에 대해 답하는 짤막한 문장이 이어질 수 있다. '우리는 차로 해변까지 갈 것이다.' 또는 어떻게 이 활동이 계획되었는지를 설명하는 문장이 이어질 수도 있다. 즉, '많은 가족은 해변에 가면 즐겁게 지낸다.' 이런 식으로 사회성 이야기는 간결하게 누가 연관되어 있고, 언제, 어디서 상황이 발생하고, 무슨 일이 벌어지고, 어떻게 그 일이 일어나고, 왜 일어나는지를 알게 한다. 모든 사회성 이야기에서 모든 '육하원칙' 질문에 답할 수는 없지만 그것들은 항상 고려된다.

활 동

기준 6 활동: 이야기의 전개를 이끄는 여섯 가지 질문

사용 설명: **'오늘 결석할까? 그래도 괜찮다'** (이야기 #110)를 읽어라.

이 이야기에서 어떤 '육하원칙' 질문에 답변할까?

답변: 이 이야기에서 답하는 몇 가지 '육하원칙' 질문이 있다. 다음에 그 질문들이 있다.

- 누가 오늘 학교에 결석했나?
- 우리 부모님은 결석하는 것에 대해 뭐라고 말씀하셨나?
- 나는 언제 학교에 다시 갈 것인가?
- 아픈 아이들은 어디에 있을 수 있나?
- 왜 학생들은 가끔 학교에 결석을 하는가?
- 나는 어떻게 숙제를 받을 수 있을까?

여러분의 질문은 약간씩 다를 수 있다. 그래도 괜찮다. 먼저 언급한 대로 하나의 사회성 이야기 문장이 여러 질문에 대해 답을 할 수도 있다.

결 론

'육하원칙' 질문이 있어서 참 다행이다. 그것들은 저자가 컴퓨터 화면을 뚫어지게 쳐다보거나 빈 종이를 쳐다보는 시간을 절약해 줄 수 있다. 저자가 어디에서 어떻게 시작하고, 또는 무엇을 쓸지 당황스러울 때, 중요한 '육하원칙' 질문에 필요한 답을 생각하면 빨리 해결된다. 이러한 질문들은 다음 사용지침에서 설명되는 사회성 이야기 문장의 일곱 가지 형태와 조합되어 사용되는데, 이것은 사회성 이야기의 글쓰기를 구조화하는 데 도움을 준다.

일곱 번째 기준: 문장의 일곱 가지 형태

정 의

사회성 이야기는 묘사하는 문장('모두가 알고 있는' 사실이나 정보에 관한 객관적인 진술)과 다음에 나오는 하나 이상의 문장을 포함하여 구성된다. 즉, 주관적인 문장(다른 사람의 생각, 감정, 또는 신념을 묘사한다), 세 가지의 지도하는 문장(독자를 지도하는 문장, 팀을 지도하는 문장, 스스로를 지도하는 문장), 긍정하는 문장(주변의 진술의 의미를 증가시킨다), 불완전한 문장(독자의 참여를 이끌고 이해도를 점검하려는 어떠한 문장에서 개발된다) 등이다.

논 의

사회성 이야기에서 사용되는 문장에는 일곱 가지 종류가 있다. 묘사하는 문장은 반드시 필요한 문장이고, 나머지 것들은 선택적이다. 이 부분에서 각각의 문장들은 짧게 설명되고, 세 가지의 간단한 예문이 이어진다. 예문 중 대부분은 이 책에 실린 이야기에서 따왔다.

묘사하는 문장

묘사하는(descriptive) 문장은 사실적이고, 객관적이고, 가정이나 논쟁의 여지가 없으며, 모든 사회성 이야기에서 필요한 것이다. 전체적으로 그것들은 정황(context) 그리고 연관되어 있지만 종종 말해지지 않는 상황, 사람, 활동, 기술, 또는 개념의 측면을 묘사한다. 묘사하는 문장을 쓰는 것을 배울 때 가장 좋은 방법은 여러분이 카메라 렌즈를 통해서 들여다본다고 가정하는 것이다. 이것은 정황을 묘사한다. 무엇이 보이는가? 또한 묘사하는 문장은 카메라가 기록할 수 없는 정보, 흔히 실수로 많은 사람들이 알고 이해한다고 가정하는 정보를 묘사한다.

묘사하는 문장의 예

1. 1년 중에는 휴가 날짜가 많이 있다.
2. 어떤 휴가는 길고, 다른 휴가들은 짧다.
3. 포장은 선물을 감추고, 비밀이 되도록 도와준다.

주관적인 문장

사회성 이야기의 글은 주관적인(perspective) 문장을 포함할 수 있다. 주관적인 문장은 사람의 내적인 상태, 지식, 생각, 감정, 신념, 의견, 동기, 그리고 신체적인 상태나 건강을 정확하게 언급하거나 묘사하는 진술이다. 저자들은 독자의 관점을 추측할 때 실수하는 경향이 있을 수 있다. 이러한 이유 때문에 주관적인 문장은 좀처럼 독자의 내적인 상태를 묘사하는 데 쓰여지지 않는다. 이에 대한 유일한 예외가 독자 개인의 긍정적인 생각이나 감정을 말하는 데 사용되거나(예를 들면, " '나는 정말로 수영하는 것을 좋아한다' 고 자주 말한다.") 문장의 내용이 모든 사람에게 해당될 것 같은 '정말로 안전한 도박' 이다(예를 들면, "잠은 내가 쉬었다고 느끼게 해 준다."). 대부분 주관적인 문장은 다른 사람이나 대중의 내적인 상태를 언급한다.

주관적인 문장의 예

1. 많은 사람들이 멋진 놀라움은 재밌다고 생각한다.
2. 어른들은 선물을 열어 보기 전에 잠깐 기다리는 것이 예의 바르다고 생각할 수 있다.
3. 많은 학생들은 우리 대리 선생님인 맥켄을 돕고 싶어 한다.

지도하는 문장

사회성 이야기는 지도하는(coach) 문장을 포함할 수 있다. 지도하는 문장은 부드럽게 독자의 행동이나 독자의 팀원들의 행동을 이끈다. 그것들은 제안된 대응방식, 대응방식의 선택을 묘사하고, 또는 자기 스스로를 지도하는 전략을 설명한다(코칭 문장이라고도 불린다).

내 경험에 의하면, 저자들은 다른 어떤 문장 형태보다 독자를 지도하는 문장을 잘못 쓰거나 과도하게 사용한다. 여기서 많은 저자들이 실수를 한다. 독자의 자존감을 보호하고 사회성 이야기의 안전성을 확인하는 것은 다른 무엇보다도 중요하다. 이것은 저자들이 더 효과적인 독자의 대응방식을 설명하는 데 주의 깊은 어구를 사용하도록 한다. '나는 노력할 것이다.' 또는 '나는 계속 애쓸 것이다.'로 시작하는 문장은 독자의 노력에 강조점을 둔다. 독자를 지도하는 문장은 또한 '쉬는 시간에 나는 선택할 수 있다. 나는 ……를 선택할 수 있다.'와 같은 독자가 선택할 수 있는 목록을 포함할 수 있다.

독자를 지도하는 문장의 예

1. 나는 존스 선생님이 학급에 내린 지시사항을 따르려고 노력할 것이다.
2. 나는 그네를 타기로 결정할 수 있다. 또는 나는 다른 놀이를 선택할 수 있다.
3. 나는 종이에 색칠하려고 애쓸 것이다.

사회성 이야기는 팀을 지도하는 문장을 포함할 수 있다. 이러한 문장들은 다른 사람들이 독자를 도와주기 위해 무엇을 할 수 있는지를 알려 준다. 부모님들과 전문가들은 중요한 지지적인 역할을 한다. 팀을 지도하는 문장은 그 팀의 역할을 규정하고, 어떤 상황이나 행동에 대한 많은 사람들의 일관된 반응을 보장할 수도 있다. 독자는 다른 사람들이 그들의 팀에게 앞으로 무엇을 할 건지에 관한 정보를 가질 수 있다. 따라서 다른 사람들에 대한 대응방식에 어떤 변화가 기대된다.

팀을 지도하는 문장의 예

1. 클라크 선생님은 매번 과학 시험을 다 마치도록 더 많은 시간을 주려고 애쓸 것이다.
2. 우리 엄마는 나와 함께 의사에게 갈 것이다.
3. 엄마 또는 아빠는 물에서 나와 함께 있을 것이다.

사회성 이야기는 스스로를 지도하는 문장을 포함할 수 있다. 이러한 문장들은 정보를 다시 불러오고 적용하는 개인적인 전략을 규정하기 위해 독자에 의해 쓰인다. 그 독자는 이야기에서 연습

중인 그 내용을 다시 기억해 내고 적용하는 개인적인 전략을 알아냄으로써 이야기에서 정보를 '다룰' 수 있게 된다. 스스로를 지도하는 문장은 독자에 의해 쓰였기 때문에 선호되는 글의 형태나 독자의 기호가 종종 반영된다. 스스로를 지도하는 문장은 학생들에게 '혼잣말(self-talk)'을 가르칠 기회를 제공한다. 혼잣말은 감정을 조절하는 데 중요하고, 중요한 정보를 스스로 다시 기억하는 전략이다.

스스로를 지도하는 문장을 전개시키기 위해서 저자는 전체 이야기를 쓰고, 그것을 독자와 함께 검토해 보고 나서 "여러분이 이야기에서 정보를 기억하는 데 도움을 받기 위해 덧붙여야 할 문장이 있습니까?"라고 묻는다.

스스로를 지도하는 문장의 예

1. 누군가 '내 마음을 바꿨어.'라고 말할 때 나는 나비로 변신하는 애벌레를 생각할 수 있다.
2. 나 자신이 침착해지기 위해 다음에 할 재미있는 활동에 대해 생각해 볼 수 있다. 예를 들어, 나는 '시험이 끝나면 쉴 시간이다.'라고 생각할 수 있다.
3. 나는 내 생일까지 며칠 남았는지 계속 체크하는 데 도움이 되는, 날짜가 적힌 종이띠를 사용할 수 있다.

긍정하는 문장

사회성 이야기는 긍정하는(affirmative) 문장을 포함할 수 있다. 긍정하는 문장은 주위의 문장의 의미를 강조하고, 종종 일반적으로 주어진 문화 안에서 같이 나누는 가치관 또는 의견을 표현한다. 특히 긍정하는 문장의 역할은 중요한 부분을 강조하거나, 법이나 규칙을 언급하거나, 또는 안심시키는 것이다. 긍정하는 문장은 즉시 묘사하는, 주관적인, 또는 지도하는 문장 바로 뒤에 따라온다. 다음의 예에 긍정적인 문장은 고딕체로 되어 있다.

긍정하는 문장의 예

1. 사람은 아침에 일어난다. 때때로 그들은 일어나는 게 행복하다. 어떨 때 그들은 더 자고 싶을 수도 있다. **그것이 지구 별에서의 삶이다.**

2. 어떨 때 학생이 결석한다. **그래도 괜찮다.** 선생님은 그들이 학업을 마칠 수 있도록 그들에게 과제를 제공하여 도울 것이다.
3. 안전을 위해 아이들은 차례로 미끄럼틀을 내려간다. **이것은 매우 중요하다.**

불완전한 문장

빈 칸이 포함된 불완전한(partial) 문장은 친숙한 공란을 메우는 형식을 포함하는 문장이다. 이러한 문장은 이해도를 확인하거나, 독자가 어떤 상황에서 다음 단계에 관해 추측하거나, 다른 개인의 대응방식이나 스스로의 대응방식을 추측하도록 격려하는 데 사용된다. 불완전한 문장은 종종 여러 번 검토된 후에 이야기에 도입된다. 사회성 이야기에서 묘사하는, 주관적인, 지도하는, 또는 긍정하는 문장은 불완전한 문장으로 쓰일 수 있다. 어떤 문장에 선택된 부분이 공란으로 바뀌는 것이다. 예를 들어, '왜 아이들이 학교에서 줄을 서서 걸어야 하는가?'를 묘사하는 문장에 이어서 빈 칸을 포함하는 주관적인 문장이 만들어질 수 있다. 즉, '때때로 선생님들은 학생들에게 걸으라고 말한다.' 다. 빈 칸을 채우는 것은 아이들이 중요한 개념, 학교에서 정보를 적용할 때 밟는 중요한 단계를 다시 생각하도록 해 준다. 이런 식으로 불완전한 문장은 아이가 지속적으로 이야기의 내용을 소유하면서 이야기를 검토하는 데 참여할 기회를 제공한다.

때때로 독자는 이야기를 검토하고 원래의 이야기에서 발견되지 않은 단어나 문구로 공란을 메울 수 있다. 의미만 같다면 수정할 필요는 없다. 그 아이가 의도한 의미가 원래 글의 그것과 다르다면 검토되고, 고쳐지고, 수정되는 것이 필요할 것이다.

불완전한 문장의 예

1. 포장은 선물을 감추고 __________이 지켜지는 것을 돕는다.
2. 많은 사람들은 멋진 놀라움을 __________라고 생각한다.
3. 안전을 위해 아이들은 미끄럼틀을 차례로 내려간다. 이것은 매우 __________.

신참인 저자들에게 일곱 가지 문장의 종류는 벅차 보일 수 있다. 그러나 경험해 보면 일곱 가지 문장이 사회성 이야기에 공헌할 뿐만 아니라 그것들이 사회적인 상황, 개념, 묘사를 설명하는 데 같이 사용될 때 얼마나 효과가 있는지가 더 명백해진다.

활 동

기준 7 활동: 문장의 일곱 가지 형태

사용 설명: 이것은 어떤 종류의 문장인가? 묘사하는 문장(D), 주관적인 문장(PE), 지도하는 문장(C), 긍정하는 문장(A), 불완전한 문장(PA).

1. 내 그룹의 많은 학생들은 우리 과제의 아이디어를 가지고 있다. ______
2. 그것이 지구 별에서의 삶이다. ______
3. 내 침대는 우리 새 집으로 옮겨질 것이다. ______
4. 많은 아이들이 줄 제일 앞에 서기를 원한다. ______
5. 다른 학생이 줄 제일 앞에 있을 때, 나는 차분하게 있으려고 노력할 것이다. ______

답변: '내 그룹의 많은 학생들은 우리 과제의 아이디어를 가지고 있다.'는 주관적인 문장이다. '아이디어를 가지고 있다.'라는 문구는 다른 구성원들의 생각을 말한다. '그것이 지구 별에서의 삶이다.'는 긍정하는 문장이다. 이 책의 맨 처음에 소개되고 책의 많은 이야기들에서 자주 쓰이는 문장이다. '내 침대는 우리 새 집으로 옮겨질 것이다.'는 다시 안심시키는, 묘사하는 문장이다. 그것은 대부분의 사람들이 짐작하거나 당연히 여기는 정보를 말한다. '많은 아이들이 줄 제일 앞에 서기를 원한다.'는 주관적인 문장으로 그 당시에 중요한 것이다! '다른 학생이 줄 제일 앞에 있을 때, 나는 차분하게 있으려고 노력할 것이다.'는 지도하는 문장이다.

결 론

이 사용지침에는 많은 정보가 있다. 여러분 자신이 기꺼이 이 사용지침에 도전해 보고, 여러분만의 활동을 만들어 보아라. 이것이 여러분이 새로운 생각과 기술을 실제적으로 다룰 수 있는 능력을 얻게 도와줄 것이다. 여러분 자신만의 예가 되는 문장을 몇 가지 쓰려고 시도해 보아라. 또는 여러분이 벌써 쓴 이야기들을 보고 각각 어떤 형태의 문장인지를 확인해 보아라. 시간이 지남에 따라 경험이 쌓이면 여러분은 다른 형태의 문장과 사회성 이야기를 쓰는 과정을 편안하게 느끼기 시작할 것이다.

"여덟 번째 기준: 대단한 공식"

정 의

하나의 공식과 일곱 가지 형태의 문장은 모든 사회성 이야기가 지시하기보다는 서술하도록 보장해 준다.

논 의

사회성 이야기 공식은 이야기 안에 문장의 다른 형태 사이의 관계를 정의하는 방정식이다. 이 방정식은 모든 이야기가 상호관계나 사건들을 묘사하는 데 초점을 맞추고 있다는 것을 확실하게 해 주고, 또한 사람들이 생각하고, 말하고, 행동하는 바탕에 깔린 합리적인 근거에 대한 묘사를 포함한다. 이 공식은 사회성 이야기 안에 있는 셀 수 없이 많은 묘사하는 문장, 주관적인 문장, 지도하는 문장을 위해 제공된다. 이 공식은 지도하는 문장의 숫자를 제한한다(도표 1).

도표 1: 사회성 이야기 공식

묘사하는 문장 개수 + 주관적인 문장 개수 + 긍정하는 문장(완전한 문장 또는 불완전한 문장) 개수 = 서술하는 문장들의 개수

$$\frac{\text{\# 서술하는 문장}}{\text{\# 지도하는 문장}} \geq 2$$

(완전한 문장 또는 불완전한 문장)

이 공식을 사용하는 방법을 아는 것은 사회성 이야기를 쓰는 데 있어서 필수적이다. 사회성 이야기 문장의 일곱 가지 형태는 두 가지로 나누어지는데, 서술하는 문장과 지도하는 문장이다. 묘사하는 문장, 주관적인 문장, 그리고 긍정하는 문장은 서술하는 것이고, 지도하는 문장은 지도하는 것이다. 이 공식을 사용하기 위해서 저자는 각 문장 종류의 숫자를 세고, 합계를 내고 나서 지도하는 문장의 총 숫자로 서술하는 문장의 총 숫자를 나눈다. 사회성 이야기가 되려면 답은 항상 2와 같거나 2보다 커야 한다.

활 동

기준 8 활동: 대단한 공식

사용 설명: 이 책에서 세 가지 이야기를 무작위로 골라라. 각각의 이야기에서 묘사하는 문장, 주관적인 문장, 긍정하는 문장을 식별하고 총 숫자를 세어라. 그것들의 합계를 구하라(서술하는 문장). 지도하는 문장의 총 숫자를 세어라. 그리고 그 합계를 구하라(지도하는 문장). 지도하는 문장의 숫자로 서술하는 문장의 숫자를 나눠라. 결과를 비교해 보아라. 답은 다를 수 있지만, 결과는 항상 숫자 2보다 크거나 같을 것이다.

결 론

사회성 이야기의 핵심은 사회성 이야기의 공식이다. 이 공식은 분명히 사회성 이야기를 다른 시각적인 전략과 구별해 주는, 참을성 있고 잘난 체하지 않는 특징에 기여한다. 대단한(GR-EIGHT) 공식은 저자들에게 사람들이 자주 '모든 사람이 알고 있다.'라고 가정하는 것을 포함하는 정보를 공유하는 데 시간을 들이도록 상기시켜 준다. 이 공식은 모든 사회성 이야기가 지시하기보다는 서술하게끔 하는 보증서가 된다.

"아홉 번째 기준: 아홉은 이야기를 내 것으로 만든다"

정 의

가능하면 사회성 이야기는 독자의 개인적인 선호, 재능, 그리고 관심사에 맞춰서 쓰인다.

논 의

독자 입장에서 우리 모두는 우리의 관심사와 능력에 맞추어 책을 고른다. 우리는 매우 어렵거나 이해하기 어려운 정보를 읽고 싶지 않다. 그것은 좌절감을 느끼게 하고, 흥미를 떨어뜨리고,…… 우리를 졸리게 한다. 저자가 '사회적'이라는 것은 가장 빈번한 주제이며, 그것은 독자들에게 지나치게 어려운 주제라는 것을 명심하는 것이 중요하다. 이런 이유 때문에 저자들은 이야기가 효과적일 수 있는 가능성을 높이기 위해서 정보를 흥미롭고 재미있게 만들려고 노력한다.

아홉 번째 기준은 이야기 내용과 형식을 독자에게 맞추는 것이다. 다른 많은 기준들은 정보가 독자의 요구와 능력에 따라 개별화되는 것을 보장하는 데 비해서 아홉 번째 기준은 이야기를 독자 개인에게 맞추는 것이다. 아홉 번째 기준은 내용, 글, 삽화, 그리고 형태를 전개함에 따라 독자의 경험, 중요한 인간관계, 관심사, 선호도를 고려한다. 또 이 기준에 포함된 것은 여러 경우에서 보이듯이 이야기의 내용을 반영하는 매우 창의적인 요소다. 아홉 번째 기준은 이야기에 대한 독자의 열정과 개념과 정보에 대한 이해와 잠재적인 소유권을 포함한다. 아홉 번째 기준은 또한 개념과 기술의 일반화에 대한 가능성을 높여 준다.

아홉 번째 기준이 적용되는 셀 수 없이 많은 예들이 있다. 한 할머니가 손자 침대에 깔 퀼트에 사랑이 무엇을 의미하는 건지에 관한 사회성 이야기를 수놓았다. 한 엄마는 신발 박스에 아이가 신어 보았던 것과 똑같은 신발의 사진(신발 상점 점원의 허락을 받아서 디지털 카메라로 그 전날에 찍은 사진)을 붙이고 박스 위에 새로운 신발을 사는 것에 관한 사회성 이야기를 붙여 놓았다. 미국 우편 제도에 관심이 있는 아이를 위해서 사회성 이야기를 매번 새로운 장소로부터 오는 우편 소인이 찍힌, 흥미로운 상자에 담아서 우편으로 배달한다. 한 음악 선생님은 전체 학급 학생들의 행동에 당황해서 교실 안에서의 규칙을 알게 해 주는 이야기를 쓰고, 그것을 노래로 만들어 수업을 시작할 때마다 부르게 한다. 이러한 생각들은 사회성 이야기의 추가적인 의미와 재미를 더하는 가능성에 대한 영감을 준다.

주의점: 아홉 번째 기준은 독자의 창의성을 표출하게 해 주지만, 그것에 휩쓸려 가면 안 된다! 여러분은 여전히 주의 사항을 고려하는 것을 연습할 필요가 있다. 생각이 과장될 때마다 그것은 사회성 이야기의 목적인 안전과 의미를 위협한다. 저자에게 재미있고 귀여워 보이는 것이 독자에게는 혼란스럽거나 심지어 위협적이게 보일 수 있다. 핵심을 알려 주는 한 가지 예를 들어 보면, 열정적이고 좋은 의도를 가진 아빠는 자신의 아들인 더스틴이 할로윈 의상과 활동을 준비하기를 바랐다. 아빠는 아들에게 이야기를 소개했다. 그러나 무엇인가가 그들의 성공을 가로막았다—크고, 머리에서 발끝까지 털이 많고, 밝은 파란색 괴물이 아빠가 고른 복장으로 밝혀졌다. 더스틴은 소리를 지르며 그 이야기를 읽기를 거부했다. 그 의상이 사라진 후에조차도. 그 이야기는 그때부터 영원히 괴물이야기로 알려졌다.

창의성은—조심스러운 고려와 신중한 긴장감을 가질 때—진짜로 독자들을 사로잡고 배우도록 격려하는 이야기를 만들게 한다. 아홉 번째 기준이 요구하는 그 긍정적인 가능성과 조심할 필요성을 저자가 이해하는 것이 핵심이다. 일단 사용할 준비가 되면 아홉 번째 기준은 독자들에 의해서 읽히는 이야기와 제쳐지는 이야기의 차이점이 될 수 있고, 침대에까지 가져가는 매력적인 사회성 이야기를 만들 수 있게 해 준다.

활 동

기준 9 활동: 아홉은 이야기를 내 것으로 만든다

사용 설명: 여러분이 쓸 다음 이야기의 독자가 될 사람을 골라라. 여러분은 정보를 그 독자에게 맞추기 위해 어떻게 아홉 번째 기준을 사용할 것인가?

결 론

축하한다! 여러분은 열 가지 기준 중에서 아홉 번째를 마쳤다. 머릿속으로 각각의 기준의 제목을 다시 떠올려 보라. 독자를 선정하고, 지금까지 여러분이 배운 아홉 가지 기준을 사용해서 사회성 이야기를 위한 초안을 조사하고, 전개시키고, 쓰고, 그리고 삽화를 그려 보아라. 여러분이 마지막 기준을 읽고 끝마칠 때 이 초안은 진행 중인 작업으로 사용되게 될 것이다.

열 번째 기준인 편집과 실행에 이르는 열 가지 지침은 모든 사회성 이야기를 만드는 데 고려해야 할 주의사항이 이야기를 실행하는 시점에 제대로 포함되어 있는지 확인하는 것이다. 열 번째 기준은 여러분의 초안을 편집하고 수정해서 최종 형태로 만드는 데 도움을 주고, 그 이야기를 여러분의 독자에게 소개하고 실행시키는 여러분의 노력을 지지할 것이다.

열 번째 기준: 편집과 실행에 이르는 열 가지 지침

정 의

편집과 실행에 이르는 열 가지 지침은 사회성 이야기의 전개를 이끄는 목적이 편집과 사용에서도 명백해야 한다는 것을 확실히 하고 있다.

서술과 활동

열 번째 기준은 나머지 아홉 가지와 다른 초점이 있다. 아홉 가지의 기준은 이야기의 최종 완성본의 특징뿐만 아니라 각각의 이야기를 조사하는 과정을 정의하고 있다. 마지막 기준은 실행을 이끈다. 그러나 여러분은 유사한 것들을 발견하게 될 것이다. 왜냐하면 모든 기준이 처음부터 끝까지 참을성 있고, 안심시키고, 긍정적이며, 사회적 · 정서적 · 신체적 안전을 도모하는 사회성 이야기를 쓰기 위한 관심에서 비롯되는, 같은 철학에 뿌리하고 같은 원칙에 의해 인도되고 있기 때문이다.

편집과 실행에 이르는 열 가지 지침은 각각 간략하게 이 장에서 설명되었다. 이전의 사용지침에서 여러분은 활동을 마치기 전에 논의하는 부분을 읽었다. 이 사용지침에서는 논의와 활동의 부분이 합쳐져서 동시에 완성될 것이다. 여러분이 쓴 이야기의 초안이 필요하다. 이 사용지침은 여러분이 사회성 이야기에서 요구된 특징을 초안이 가지고 있는지 아닌지 확인하는 데 도움을 줄 것이고, 여러분이 독자에게 이야기를 소개하고 실행시키는 계획을 전개해 나가도록 안내해 줄 것이다.

1. 편집!

사회성 이야기의 명료성, 의미, 흥미를 확실하게 하기 위한 노력은 조사와 주제 확인에서 시작한다. 그리고 이야기 전개와 편집을 통해서 계속된다. 저자는 각각의 이야기를 검토하는 데 팀의 정보를 이용한다. 이것은 모든 사람을 참여시키고, 이야기를 마치기 전에 미리 후회하지 않도록 실수를 골라내는 데 있어서 매우 중요하다. 팀원들은 조심스럽게 사회성 이야기 기준과 맞도록 이야기와 삽화를 체크하고, 수정을 제안하고, 이야기를 최종본에 더 가깝게 가도록 끌어 준다.

활동: 여러분의 이야기를 사회성 이야기의 기준에 맞추어서 비교해 보아라. 그리고 필요하다면 수정을 해라.

2. 이해를 위한 계획

사회성 이야기의 저자들은 이해를 위한 계획을 세운다. 그것은 특별히 이해를 염두에 두고 글과 삽화를 마지막으로 한 번 더 볼 수 있는 기회다. 그 이야기와 어울리도록 질문들이 전개되고 있는가? 일단 독자가 이야기에 친숙해지면 불완전한 문장들이 도움이 될까? 저자는 독자의 이해를 완성시키기 위한 계획을 세운다. 다음의 사용지침, 이야기를 지지하는 계획에서 확인된 추가적인 생각들이 여기에서의 노력과 겹칠 수 있다.

3. 이야기를 지원하는 계획

이야기를 지원하는 것은 이야기가 실행될 때 이야기를 지원하기 위한 도구적인 기술과 자료들을 포함한다. 무엇이라도 독자를 지원할 수 있는 것이 있는가? 파워포인트로 이야기를 쓰는 것이 도움이 되는가? 이야기에 나오는 중요한 문구를 포함하는 포스터를 교실에 만들어 놓으면 어떨까? 특정한 독자나 이야기의 주제에 따라서 많은 가능성이 존재한다.

활동: 여러분의 이야기를 고려해 보아라. 여러분의 이야기는 이야기가 실행될 때 독자의 이해와 참여를 어떻게 지원하고 있는가?

4. 이야기의 복습을 위한 계획

사회성 이야기의 복습은 참을성 있는 긍정적인 태도, 그리고 그것을 만들어 내는 건전한 생각을 반영한다. 사회성 이야기는 항상 긍정적인 어조로 편안한 상태에서 복습된다. 절대로 (절대로, 절대로, 절대로) 복습을 강요하거나 사회성 이야기의 복습을 예의 없는 행동에 대한 결과로서 이용하지 마라. 이야기가 얼마나 자주 복습되어야 하는지 상식적으로 하면 된다. 필요 없는 반복은 피하면서 효과적일 만큼만 복습하는, 예측 가능한 계획을 수립하라. 저자들은 효과적인 계획을 전개시키기 위해서 독자와 주제를 결정하는 요소들을 동시에 고려해야 한다. 독자들은 저자나 다른 어른이 이야기를 복습시키는 것을 항상 원하지도—필요로 하지도—않을 수 있다.

활동: 이야기의 복습을 위한 임시 계획을 세워라. 이야기가 어디에서 소개된 후 이어서 복습될 것인가? 여러분의 독자와 이야기의 주제를 고려하는 것이 그 이야기가 얼마나 자주 읽혀질 것인지를 결정한다.

5. 긍정적인 소개를 위한 계획

모든 사회성 이야기는 그 내용의 실제적이고 추측하지 않는 특징과 함께 소개된다.

저자는 '이것은 내가 너를 위해 쓴 이야기다.'라는 조용한 자신감으로 시작할 수 있다. 조금 더 어린아이들의 경우에는 이야기와 동시에 이야기를 앞둔 여러분에게 그들의 관심을 집중시키기 위해서 아이들 옆에 있는 편안한 의자나 바닥에 앉는 것이 종종 매우 효과적이다. 이야기를 시작하는 다양한 방법이 있다. 핵심은 차분함과 편안함이다.

활동: 여러분의 이야기를 여러분의 독자들에게 소개하라.

6. 추적 관찰!

일단 이야기가 자리를 잡으면 팀원들은 그것의 영향력을 추적 관찰한다. 저자가 의도하는 바와 다르게 글이나 삽화를 해석하는 것으로 보이는 독자의 반응을 살피는 것이 중요하다. 그리고 저자들은 성공에 대해 매우 호기심이 많다. 모든 것이 잘된다면 그것은 왜 그럴까? 그러한 요소들이 현재의 주제를 확장시키거나 새로운 주제를 소개하기 위한 미래의 이야기에 어떻게 쓰여질 것인가?

7. 이야기의 조직화

하나의 이야기가 또 다른 이야기를 이끈다. 그것을 조직화하는 것은 중요하다. 투명 플라스틱 덮개가 있는 3공 바인더노트를 개인별로 마련하는 것이 효과적이다. 이야기들을 필요할 때 쉽게 찾아볼 수 있도록 분할해서 정리할 수 있다.

활동: 조직화는 처음부터 하면 더 쉽다. 바인더노트를 찾아서 여러분의 이야기를 거기에 끼워 넣어라!

8. 개념을 수립하기 위해 이야기들을 섞고 짜 맞추기

쓰여질 주제들이 많이 있다. 한 사람의 독자가 짧은 시간 안에 꽤 많은 수의 이야기들을 획득하는 것은 매우 흔한 일이다! 주제들도 종종 재등장한다. 이야기들을 특정한 바인더노트에 넣기 위해서 복사해야 된다는 것을 명심하라. 예를 들어, 파티에 관한 모든 이야기—생일파티, 가족, 휴일파티, 이웃과의 파티 등—는 '파티들'이라고 이름 붙여진 바인더노트에 따로 넣을 수 있다. 이 바인더노트 안에서 유형별로 또는 아마도 연도별로 구별되어 이야기들을 정리할 수 있다. 반면에 바인더노트는 '파티'의 더 큰 개념을 보여 주는 데 도움을 준다.

9. 이야기의 반복과 속편

'은퇴한' 사회성 이야기라는 것은 있을 수 없다! 이야기는 한쪽으로 치워져 시간이 한참 흐른 후에 텔레비전의 재방송처럼 다시 소개될 수 있다. 여러분의 독자는 이야기의 속편에서 또한 이득을 볼 수 있다. 예를 들어, 여섯 살 때의 우정에 관한 이야기가 여덟 살 때 우정에 관한 정보로 재생되고 업데이트될 수 있다. 이 경우처럼 독자는 현재의 이야기가 포함하고 있는 업데이트된 정보로부터 이득을 얻으면서 동시에 원래의 이야기 요소에 대한 친숙함에 감사할 수 있다. 이것은 또한 과거와 현재 사이의 중요한 연결을 구체적으로 보여 주는 데 도움이 된다.

10. 재활용을 위한 박수갈채

재활용하는 것이 유행이 되고 있다. 사회성 이야기도 '재활용'될 수 있다. 예를 들어, 원래는 새로운 기술을 소개하는 이야기가 후에 그 기술을 마스터하도록 격려하는 이야기로 재활용될 수 있다. 사회성 이야기는 컴퓨터에서 쓰일 때 쉽게 저장되고 조직화된다. 이것은 지시로부터 격려에 이르도록 이야기를 변형시키는 것을 쉽게 한다. 간단히 원래의 이야기를 열어서 관련 있는 새 제목으로 저장하라. 그러고 나서 그것을 독자가 새롭게 획득한 기술을 칭찬하는 이야기로 바꿔라. 그것을 그 독자와 함께 자랑스럽게 복습해 보라.

최종 결론

사회성 이야기는 상대적으로 짧지만 활동적인 역사를 가지고 있다. 원래 비전문가들의 열정에서 시작되어 후에 증거에 기반을 둔 훈련으로 연구되고, 확정된 사회성 이야기들은 부모와 전문가들의 존경을 받게 되고, 독자들의 신뢰를 얻게 되었다. 여러분이 사회성 이야기의 가장 새로운 저자다. 나는 개인적으로 여러분이 최선을 다하고 팀 사회성 이야기 발표회나 워크숍에 참가함으로써 여러분의 기술을 확장시키기를 바란다. 여러분이 쓰는 이야기가 여러분의 독자에게 정보를 주고, 그들을 안내하고, 그들의 사기를 북돋아 주기를 기원한다.

01

이야기로 배우기

이야기 #1

나는 이 이야기들을 여러분을 위해 썼다

캐롤 그레이로부터 온 편지

친애하는 ______________에게

내 이름은 캐롤 그레이다. 내가 스물두 살까지 나의 이름은 캐롤 슐터였다. 결혼하면서 성이 바뀌었다.

나의 엄마의 이름은 바이올라 슐터다. 그녀는 사진 찍는 걸 정말 좋아했다. 그녀는 특히 이야기가 있는 사진들을 찍기 좋아했다. 그녀는 보통 다섯에서 여섯 장의 사진을 찍었는데, 그것들을 보여 주었다. 사람들은 그 사진 속에 있는 '이야기'를 특별한 설명이 없어도 알아내곤 했다. 때로는 한 장의 사진이 그 이야기를 알게 하거나 우리에게 그 이야기를 상기시켜 준다.

이 사진은 내가 세 살 때의 사진이다. 이 사진은 1955년에 촬영되었는데, 사진 속에 있는 나는 제니 이모의 집에 있었다. 나의 언니 메를린의 생일파티다. 메를린은 케이크 앞에서 웃고 있고, 나는 이모 무릎에 앉아 있다. 사진 오른쪽 가장자리에 있는 게 나다. 나는 이 파티, 특히 이 인형 케이크를 기억한다. 내 얼굴을 보라. 나는 정말로 그 케이크를 좋아했다. 그러나 그게 내 것이 아니어서 조금 슬펐다. 엄마는 여동생 일레인을 안고 서 계신다. 일레인의 얼굴을 보면 일레인도 나와 같이 느꼈었을 것이라고 생각한다. 그 애도 케이크를 좋아하고, 그 케이크가 자신의 것이 아니어서 조금 슬퍼했다고 나는 생각한다.

다음에 있는 사진은 1958년에 촬영되었다. 내가 여섯 살 때다. 나는 할머니, 할아버지와 함께 있다. 그날은 그들의 결혼기념일이었다. 그들은 중요하고 성대한 파티를 열었다. 모두 좋은 옷을 입었다. 나는 드레스 때문에 허리 부분이 간지러워 불편했다. 좀 지나자 머리띠 때문에도 아팠다. 이 사진은 보기엔 좋지만 나는 불편한 옷을 입고 있어서 지쳐 있었다. 이 사진들을 보면, 내가 파티에서 배웠던 한 가지가 떠오른다. 많은 사람들은 파티가 재미있다고 생각한다. 나도 역시 파티를 좋아한다. 그렇지만 대개는 재미있는 활동 중에도 어떤 사람은 슬프거나 당황스러운 순간을 겪게 된다. 그런 것들을 기억하고 다른 사람과 함께 공유하는 것이 나는 유익하다고 생각한다. 그러면 사람들은 그런 일들이 벌어져도 놀라지 않을 것이다.

여기는 미시간 주 리보니아 도라이스 스트리트에 있는 나의 집이었다. 나는 1956년부터 1968년까지 여기서 살면서 자랐다. 이곳은 내가 여섯 살 때 나의 첫 이야기를 썼던 곳이다. 내 침실은 1층 부모님 침실 건너편에 있었다. 나는 잠자기 전 매일 밤 일기를 쓰곤 했다. 나는 나에게 편지를 쓰곤 했는데, 내가 자라서 성인이 되어 읽으면 어린 시절이 어땠는지 잊지 않을 것이기 때문이다.

나는 지금 훨씬 더 나이가 많이 들었지만 여전히 이야기를 쓴다. 그리고 항상 아이로 산다는 것이 어떤 것인지 기억하려고 노력한다. 나는 꾸준히 이야기를 읽고 사람들이 나에게 하는 이야기를 듣는다. 이것이 내가 지금 알고 있는 더 많이 배우는 방법이다.

나는 이 책에 있는 이야기들을 여러분을 위해 썼다. 그것들은 사람, 장소, 다른 주제에 대해 이야기를 한다. 나는 여러분이 이 이야기를 좋아하기를 바라고, 그것들을 통해 배울 수 있기를 바란다.

여러분의 멋진 삶의 이야기를 기원하며,

Carol

이야기 #2

이야기로 배우기

사람들은 이야기를 통해 배운다. 사람들은 종종 자신의 경험을 서로에게 얘기해 준다. 그들은 들으면서 배운다.

언젠가 엄마는 내게 신발끈 묶는 방법을 가르쳐 주셨다. 그녀는 내게 그녀의 할아버지가 신발끈 묶는 법을 어떻게 가르쳐 주었는지 알려 주었다. 나는 그것을 시도해 보고, 연습하면서 신발끈 묶는 법을 배웠다.

또 다른 날, 나는 운동장의 미끄럼틀을 타는 게 무서웠다. 나는 시도해 보고 싶었다. 나는 다른 아이들이 계단을 올라가 미끄럼틀 꼭대기에서 앉은 후, 미끄러져 내려오는 것을 서서 지켜보았다. 나도 똑같이 할 수 있을지 궁금했다. 내가 다니던 유치원의 번스 선생님은 나에게 다가오셨다. 그는 내게 이야기를 해 주었다. 그가 소년이었을 때 그도 역시 미끄럼틀을 타는 게 두려웠다고 말씀하셨다. 나는 그래서 "타 보려고 시도했나요?"라고 물었다. 번스 선생님은 그가 미끄럼틀을 타러 계단을 올라갈 때 위를 보는 게 정말로 도움이 되었다고 말씀하셨다. 나는 그게 나에게도 효과가 있을 거라고 생각했다. 그래서 나도 위를 보며 미끄럼틀로 올라가 타고 내려와 봤는데, 괜찮았다!

지난 화요일에 비가 내렸다. 나는 우비를 입기가 싫었다. 나의 누나 매디슨은 '그냥 입는' 게 좋을 거라고 말했다. 그러고 나서 그녀는 나에게 이야기를 해 주었다. 작년 어느 날 비가 내렸는데 그녀는 학교에 우비를 입고 가지 않아서 옷이 젖었다. 매디슨은 그날 첫 교시 내내 축축하고 불편했다고 했다. 나는 젖지 않고 편하기 위해서 우비를 입기로 했다.

나는 매일 배우고 있다. 사람들은 계속해서 그들의 이야기를 나에게 해 준다. 나는 계속 듣고 배우려고 노력할 것이다.

이야기 #3

이 책의 이야기들

이 책의 이야기들은 나를 위해 쓰였다.

이 책에는 나와 나의 감정에 관한 이야기들이 쓰여 있다. 이것은 나의 성장에 관한 이야기이고, '자신감의 요새'라고 불리는 장소에 관한 이야기다. '아마 난 할 수 있을 거야!'라는 제목의 이야기이기도 하다.

이 책에는 사람들과 장소에 관한 이야기들이 있다. 이 책에는 나의 가족, 집, 학교에 관한 이야기들도 있다. 또한 어른과 아이들에 관한 이야기들도 있다.

이 책에는 실수에 관한 이야기도 있다. 누구나 실수를 한다. 또 변화에 관한 이야기도 있다. 변화는 항상 일어난다.

이 책에는 사람들이 무엇을 생각하고, 말하고, 행동하는가에 관한 이야기도 있다. 이 책에는 공유하는 것, 게임하는 것, 어떻게 이기고 지는지에 관한 이야기도 있다.

이 책에는 토머스 에디슨에 관한 이야기와 껌을 씹는 것에 관한 세 가지 이야기가 있다.

이 책에는 지구 별에 관한 이야기가 있다. 지구 별은 우리가 사는 행성이다. 또한 이 책에는 산불과 우주에 관한 이야기가 있다. 심지어는 저녁 뉴스와 사람들이 그것을 왜 보는지에 관한 이야기도 있다.

다른 것에 관한 것도 있는데, 예를 들어 ~것(thing)이라는 단어를 사람들이 어떤 뜻으로 사용하는지에 대한 이야기다. 이 이야기는 용어사전에 있다.

이 책에는 많은 이야기들이 있다. 정확히는 158개의 이야기들이 있다. 그것들은 여기 지구 별에서의 삶을 묘사하고 있다.

02

변화

이야기 #4

변 화

사람들은 지구 별에 살고 있고, 지구 별은 항상 변하고 있다. 지구 별이 변할 때 사람들도 변한다.

사람들이 예상할 수 있는 변화들도 많이 있다. 나뭇잎은 땅에 떨어진다. 물은 공기 속으로 증발한다. 햇빛은 밤이 되면서 어두워진다. 사람들은 이런 변화들이 일어날 것을 예상한다.

예상되는 변화는 사람들의 일상생활을 특정한 방식으로 만들어지게 한다. 낙엽이 땅에 떨어지면 사람들은 긁어 모은다. 물이 증발하면 사람들은 식물이 물이 필요한지 확인한다. 햇빛이 밤이 되면서 어두워지면 사람들은 잠자리에 든다. 예상되는 변화들은 일상생활이 되는 계획들을 특정한 방식으로 만들어지게 한다.

사람들이 예측하려고 노력하는 다른 변화들도 있다. 사람들은 확실히는 모르지만 이런 변화들이 일어날 것을 알고 있다. 그래서 정보를 모아 최대한 예측을 하려고 노력한다. 화창한 날씨가 천둥과 함께 변한다. 밤하늘이 쏟아지는 별똥별로 바뀐다. 지진은 지구 별의 표면을 가른다. 사람들은 이런 변화가 일어날 때를 예측하려고 노력한다.

사람들이 예측하려고 애쓰는 변화들은 계획을 바꿀 수 있다. 천둥이 치면 야외로 계획했던 소풍을 실내로 옮긴다. 별똥별이 쏟아지면 영화보다 밤하늘을 보려 한다. 지진이 나면 야구 경기가 취소되기도 한다. 사람들은 계획을 바꿀 수 있는 변화들을 예측하려고 노력한다.

사람들은 지구 별에 살고 있고, 지구 별은 항상 변한다. 지구 별의 변화에 따라 사람들은 일상생활을 형성하고, 계획을 세우고, 또한 계획을 수정하게 된다. 그것이 지구 별에서의 삶이다.

이야기 #5

우리의 일상을 형성하는 변화들

낮은 밤으로 바뀌고, 밤은 낮으로 바뀐다.
신호등은 녹색에서 노란색, 빨간색으로 바뀐다.
나를 둘러싼 변화는 내가 자거나, 일하거나, 놀 때도 일어난다,
내가 일어나는 순간부터 잠자리에 드는 순간까지.

낮은 밤으로 바뀌고, 밤은 낮으로 바뀐다.
변화는 나를 둘러싸고 매번 일어나지만 똑같아 보일 수도 있다.
내 앞에 펼쳐지는 변화들은 정말로 놀랍고,
그리고 변화들이 내 일상을 형성한다.

이야기 #6

변화에 관한 이론

여기 한 가지 이론이 있다. 즉, 예상되고 반가운 변화는 가장 쉽고, 예상할 수 없고 반갑지 않은 변화는 가장 어렵다.

달력을 보면 삶은 쉬워 보일지 모른다. 날짜마다 네모 칸이 있어서 사람들은 종종 그곳에 그들의 약속과 활동들을 적는다. 그들은 하루 일과를 끝내고, 다음 날로 넘어간다.

많은 사람들에게 다음 날로 바뀌는 것은 쉽다. 사람들은 새로운 날을 기대하며 잠자리에 들고, 아침에 그것을 맞이한다. 많은 사람들에게 예상 가능하고 즐거운 변화는 다루기가 쉽다.

예상할 수 없는 변화는 놀라움이다. 어떤 변화들은 좋다. 예를 들면, 비 온 뒤에 무지개를 보는 것이다. 예상할 수 없지만 반가운 변화는 보통 좋은 놀라움이다.

어떤 예상할 수 없는 변화는 즐겁지 않다. 차의 타이어에 펑크가 나는 것은 예상할 수 없고, 즐겁지 않은 놀라움이다. 예상할 수 없고 즐겁지 않은 놀라움은 종종 사람들이 하고 싶지 않은 일을 해야만 한다는 것을 의미한다. 예상할 수 없고 즐겁지 않은 놀라움은 사람들이 제일 다루기 힘든 변화다.

삶은 달력을 보면 간단해 보일 수 있지만, 하루하루

가 단지 달력에 써 있는 활동과 약속으로 이루어지는 것은 아니다. 삶의 어려운 사건의 일부는 결코 달력에 써 있지 않은 것이다.

이야기 #7

변화에 관한 나의 이론

여기 한 가지 이론이 있다. 즉, 예상되고 반가운 변화는 가장 쉽고, 예상할 수 없고 반갑지 않은 변화는 가장 어렵다.

많은 사람들에게 다음 날로 바뀌는 것은 쉽다. 그것은 예상 가능하고 즐거운 변화다. 내가 좋아하고 예상할 수 있는 변화는

______________________________ 이다.

내게 이 변화는 (동그라미 하세요): 쉽다 조금 어렵다 어렵다

예상할 수 없는 변화는 놀라움이다. 어떤 놀라움은 좋다. 내가 예상할 수는 없지만 좋은 변화는

______________________________ 이다.

내게 이 변화는 (동그라미 하세요): 쉽다 조금 어렵다 어렵다

어떤 예상할 수 없는 변화는 즐겁지 않다. 예상할 수 없고 즐겁지 않은 변화는 종종 사람들이 하고 싶지 않은 일을 하게 한다. 내가 예상할 수 없고 즐겁지 않은 변화는

______________________________ 이다.

내게 이 변화는 (동그라미 하세요): 쉽다 조금 어렵다 어렵다

삶은 달력을 보면 간단해 보일 수 있지만, 하루하루가 단지 달력에 써 있는 활동과 약속으로 이루어지는 것은 아니다. 삶의 어려운 사건의 일부는 결코 달력에 써 있지 않은 것이다.

이야기 #8

우리 주위를 둘러싼 탈바꿈: 나비

생명은 진짜 탈바꿈으로 가득 차 있다. 생물은 생물학적 계획에 따라서 모습—어떻게 보이는지—을 변화시킨다.

나비는 진정한 탈바꿈을 하는 생물이다. 나비의 일생은 생물학적 계획에 따라 네 가지 단계로 되어 있다. 첫 번째 단계에서는 나비 먹이 가까이에 있는 나뭇잎에 알로 붙어 있다. 알로 오래 있지는 않는다.

두 번째 단계로, 알은 애벌레가 된다. 애벌레는 줄무늬나 점을 가지고 있을 수 있다. 그들은 먹고 자란다. 그들의 피부는 매우 작아진다. 그들은 허물을 벗는다. 애벌레는 아주 빨리 자란다. 그들은 네 번 이상 허물을 벗어야만 할 수도 있다.

세 번째 단계는 번데기다. 이것이 탈바꿈 단계다. 겉으로 보면 번데기는 움직이지 않는 것처럼 보인다. 그것은 조용하다. 안에서는 많은 것들이 일어나고 있다. 애벌레는 나비로 변하고 있다.

네 번째 단계는 다 자란 나비다. 많은 나비들은 화려한 날개를 가지고 있다. 그들은 날 수 있다. 그들은 먹이 가까이에 알을 낳고, 애벌레가 번데기로 되어서 나비가 될 수 있도록 한다.

우리를 둘러싼 어떤 변화들은 반복해서 계획에 따르는 탈바꿈이다. 그것들은 지구 별에서의 생명에게 중요한 부분이 되는 조용한 탈바꿈이다.

이야기 #9

우리 주위를 둘러싼 탈바꿈: 개구리

생명은 진짜 탈바꿈으로 가득 차 있다. 생물은 생물학적 계획에 따라서 모습—어떻게 보이는지—을 변화시킨다.

개구리는 진정한 탈바꿈을 하는 생물이다. 개구리의 일생은 생물학적 계획에 따라 세 가지 단계로 되어 있다. 첫 번째 단계에서는 물속에서 특수한 젤리로 싸인 알로 있다. 알의 상태로 오래 있지는 않는다.

두 번째 단계로, 알에서 부화한다. 올챙이가 된다! 올챙이들은 물속에서 먹고 자란다. 연못의 표면은 종종 움직이지 않고 조용해 보인다. 물속에서는 많은 일들이 일어난다. 올챙이의 뒷다리가 나오고, 앞다리가 나오고, 꼬리가 없어진다.

세 번째 단계는 개구리다. 사람들은 종종 개구리를 녹색으로 생각한다. 개구리는 다른 색깔일 수도 있다. 어떤 개구리들은 색깔을 바꾼다. 개구리들은 올챙이로 자라나 개구리가 되어 알을 낳는다.

우리를 둘러싼 어떤 변화들은 반복해서 계획에 따르는 탈바꿈이다. 그것들은 지구 별에서의 생명에게 중요한 부분이 되는 조용한 탈바꿈이다.

이야기 #10

우리 주위를 둘러싼 탈바꿈: 무당벌레

생명은 진짜 탈바꿈으로 가득 차 있다. 생물은 생물학적 계획에 따라서 모습—어떻게 보이는지—을 변화시킨다.

무당벌레는 진정한 탈바꿈을 하는 생물이다. 무당벌레의 일생은 생물학적 계획에 따라 네 가지 단계로 되어 있다. 첫 번째 단계는 알이다. 무당벌레는 먹이 가까이에 있는 나뭇잎 뒤쪽에 알을 낳는다. 알의 상태로 오래 있지는 않는다.

두 번째 단계로, 알에서 부화한다. 유충이 나온다. 유충은 옆에 발 6개와 작은 털들이 달린 곤충처럼 보인다. 그것들은 21일 동안 먹고 자란다. 그러고 나서 변하기 시작한다.

세 번째 단계는 번데기다. 이것이 탈바꿈 단계다. 겉으로 보면 번데기는 움직이지 않는 것처럼 보인다. 그것은 조용하다. 안에서는 많은 것들이 일어나고 있다. 유충이 무당벌레로 변하고 있다.

네 번째 단계는 다 자란 무당벌레다. 겉날개에는 빨간색 바탕에 까만 점이 있다. 무당벌레는 먹이 가까이에 알을 낳아 유충이 번데기가 되고, 무당벌레가 된다.

우리를 둘러싼 어떤 변화들은 반복해서 계획에 따르는 탈바꿈이다. 그것들은 지구 별에서의 생명에게 중요한 부분이 되는 조용한 탈바꿈이다.

이야기 #11

나도 탈바꿈을 한다

나는 나비, 개구리, 무당벌레가
생명의 진정한 탈바꿈을 한다는 것을 알고 있다.
또 다른 탈바꿈이 우리 집, 내 방 안에 또 하나 있다.
바로 내가 자라는 것을 지켜보라!

03

실수

이야기 #12

실수란 무엇인가

실수는 잘못된 대답, 생각, 또는 행동이다. 누군가 맞지 않은 말과 행동을 하면 그것은 실수다.

실수의 많은 예들이 있다. 단어의 철자를 잘못 표기하는 것은 실수다. 추운 날에 집에 점퍼를 두고 오는 것은 실수다. 그리고 마친 과제를 제출하는 것을 잊어버리는 것은 실수다. 사람들은 많은 종류의 실수를 저지른다.

사람들은 자라면서 실수를 통해 배운다. 그들은 같은 실수를 하지 않을 수 있다. 그러나 사람들은 자라면서 새로운 경험을 한다. 그렇기 때문에 사람들은 항상 새로운 실수를 한다.

때때로 사람들은 실수를 했다는 것을 스스로 안다. 어떨 때는 다른 사람들을 통해서 자신이 실수를 했다는 것을 배운다. 가끔은 실수를 저질러도 모르는 때도 있다.

대부분의 사람들은 제대로 질문에 답하려고 애쓴다. 그들은 좋은 생각을 해 내려고 애쓴다. 그들은 올바르게 하려고 애쓴다. 하지만 사람들은 여전히 노력해도 실수를 저지른다.

실수는 지구 별에서의 삶의 일부다. 그것은 괜찮다.

이야기 #13

토머스 에디슨과 실수

토머스 에디슨은 차분함을 유지해서 최선의 생각을 해 냈고, 실수를 통해 배울 수 있었다. 그는 전구, 첫 번째 활동사진(영화) 촬영기가 발명되도록 도왔고, 가정에서 전기가 유용하게 쓰일 수 있는 방법을 개발했다. 그는 또 다른 많은 것을 발명했다. 발명가로서 그는 많은 실수를 예상했다. 발명가들에게 실수는 작업의 중요한 부분이다.

무언가를 발명하는 것은 힘들다. 토머스 에디슨은 실용적인 전구를 만들려고 노력하면서 700번이 넘는 실수를 했다. 그는 매번 실수를 할 때마다 무엇이 효과적이지 않은지를 배웠다. 그것은 그가 잘 작동하는 안전한 전구를 만드는 데 더욱 가까이 다가서게 했다.

실수를 다룰 줄 아는 것은 스마트한 것이다. 차분함을 유지하는 것이 중요하다. 차분한 신체는 뇌가 생각하고 문제를 효과적으로 해결하도록 돕는다. (이 경우에 효과적이라는 뜻은 뇌가 최상으로 작동한다는 것이다.)

많은 학생들은 실수를 했을 때, 차분하게 있는 것을 배운다. 그것은 그들이 잘 생각하고 문제를 효율적으로 해결할 수 있게 돕는다. 토머스 에디슨처럼 그들 역시 실수를 통해 배울 수 있다.

두뇌는 차분한 신체에서 최상으로 작동한다. 다른 많은 학생들처럼 나도 실수했을 때 차분하게 있는 것을 배우고 있다. 그것은 내 두뇌가 최상으로 작동할 수 있도록 도울 것이다!

이야기 #14

실수에 관한 설문조사

설문조사는 어떤 것에 관한 정보를 얻는 하나의 방식이다. 많은 설문조사에서 사람들은 같은 질문을 받는다. 그리고 그들의 답변들은 연구된다. 나는 실수에 관한 설문조사를 가지고 있다.

어느 누가 아무 실수 없이 하루를 보낸 적이 있을까? 설문조사는 사람들이 이 질문에 대해 어떻게 생각하는지 아는 하나의 방식이다.

나의 설문조사의 제목은 실수에 관한 설문조사다. 나는 실수에 관해 배우기 위해서 설문조사를 이용할 수 있다. 나의 선생님은 설문조사를 이용하는 방법을 알고 있다. 그가 나를 도울 수 있다.

실수에 관한 설문조사는 성인을 위한 것이다. 그 설문조사를 안전하게 하기 위해서는 낯선 사람이 아닌 내가 알고 있는 성인들을 설문조사 하는 것이 중요하다. 나의 선생님은 설문조사를 받을 사람들의 명단을 만드는 것을 도울 수 있다.

설문조사를 받기 위해 모든 성인은 이것을 읽어야 할 것이다. (그것은 설문조사지 맨 위에 있다.)

실수는 잘못이다. 큰 실수도 있고, 작은 실수도 있다. 실수의 예들은 다음과 같다.

- 운전할 때 길을 잘못 들었거나 무언가를 잘못 조립하는 것과 같이 잘못된 일을 하는 것
- 어떤 사람의 이름이나 오늘 날짜를 기억하지 못하는 것과 같이 무언가를 잊어버리는 것
- 중요한 노트나 열쇠, 신발 등을 잃어버리는 것
- 물건을 떨어뜨리는 것

• 계산 실수, 타자를 포함한 쓰기 실수를 하는 것

사람들이 하는 실수는 많고도 많다.

그러고 나서 사람들은 이 질문에 대답한다.

• 여러분은 한 번도 실수를 안 하고 하루를 지내 본 적이 있다고 생각하나요?

나는 실수에 관한 설문조사를 받을 5명의 성인을 찾을 것이다. 그러고 난 후 선생님과 나는 설문조사의 답변에 대해서 이야기를 할 것이고, 사람들과 그들이 저지른 실수를 통해 더 많은 것을 배울 수 있을 것이다!

이야기 #15

실수에 관한 설문조사 기록지

이것은 실수에 관한 설문조사다. 다음을 읽고 지시사항을 따르시오.

실수는 잘못이다. 큰 실수도 있고, 작은 실수도 있다. 실수의 예들은 다음과 같다.

- 운전할 때 길을 잘못 들었거나 무언가를 잘못 조립하는 것과 같이 잘못된 일을 하는 것
- 어떤 사람의 이름이나 오늘 날짜를 기억하지 못하는 것과 같이 무언가를 잊어버리는 것
- 중요한 노트나 열쇠, 신발 등을 잃어버리는 것
- 물건을 떨어뜨리는 것
- 계산 실수, 타자를 포함한 쓰기 실수를 하는 것

사람들이 하는 실수는 많고도 많다.

이름을 쓰고 예 또는 아니요에 동그라미를 하여 질문에 답하시오.
원하면 의견을 적으시오.

여러분은 한 번도 실수를 안 하고 하루를 지내 본 적이 있다고 생각하나요?

이름	동그라미 하시오	
1. ______________________	예	아니요

의견: ______________________

____

2. ______________________	예	아니요

의견: ______________________

____

3. ______________________	예	아니요

의견: ______________________

____

4. ______________________	예	아니요

의견: ______________________

____

5. ______________________	예	아니요

의견: ______________________

____

이야기 #16

실수는 좋은 날에도 일어날 수 있다

나는 실수가 좋은 날에도 일어난다는 것을 배우는 중이다.

매일 많은 사람들이 일하거나 휴식할 때 실수를 한다. 예를 들어, 그들은 점심 식사를 잊거나, 계단에서 발이 걸려 넘어지거나, 잘못 전화를 걸 수도 있다. 사람들이 할 수 있는 그 밖의 실수들은 백만 개도 넘는다!

사람들은 자라면서 실수를 통해 배운다. 사람들은 실수를 해도 괜찮다는 걸 배운다. 실수는 실수일 뿐 여전히 좋은 날이다.

대부분의 실수는 고쳐질 수 있다. 내가 실수를 했을 때 엄마, 아빠, 또는 선생님이 매우 도움이 될 수 있다. 그들도 한때는 어린아이였고, 많은 실수를 했다. 그들은 지금 내가 바로잡으려고 하는 것과 같은 실수를 했을 수 있다!

하루에는 많은 시간—정확히 24시간, 또는 1,440분, 또는 86,400초—이 있다. 보통 실수는 순식간에 일어난다. 실수를 바로잡을 많은 시간이 있고, 하루의 나머지 시간은 잘 지나간다.

나는 실수가 좋은 날에도 일어난다는 것을 배우는 중이다.

이야기 #17

실수는 좋은 날에도 일어날 수 있을까

실수는 좋은 날에도 일어날 수 있을까?
나는 그것은 진실이라고 생각한다.
사람들이 하는 많은 실수에 비하면
우리는 아마 조금밖에 실수를 하지 않을 것이다.

그래서 실수는 매일 일어날까?
사람들이 잠에서 깬다면 그렇다.
그러나 그렇다고 해서 사람들이 계속 침대에만 머물러 있을 수 있을까?
그렇다면 그것도 실수라고 나는 생각한다.

실수는 좋은 날에도 일어날 수 있을까?
아마 그럴 것처럼 보인다.
사람들은 실수를 저지르지만 여전히
"나는 좋은 하루를 보냈어. 너는 어떠니?" 라고 말한다.

04

나와 나의 감정

이야기 #18

내 이야기 앨범

나는 내 삶의 이야기가 담긴 사진들이 있는 ‘이야기 앨범’을 가지고 있다.

나는 내 앨범에 넣을 내 사진들을 고를 수 있다. 나는 내 이야기의 주인공이다.

나는 내 앨범에 넣을 좋아하는 사람들의 사진을 고를 수 있다. 그들은 내 이야기에서 중요하다.

나는 내 앨범에 넣을 좋아하는 장소에 관한 사진을 고를 수 있다. 그것들은 내 이야기의 배경이다.

나는 내 앨범에 넣을 좋아하는 장난감과 물건들의 사진을 고를 수 있다. 그것들은 내 이야기의 도구다.

나는 내 앨범에 넣을 재미있는 순간들의 사진을 고를 수 있다. 그것들은 내 이야기에서 재미있는 기억을 만든다.

나는 자라면서 내 이야기에 사진들을 추가할 수 있다.

나는 나 자신, 좋아하는 사람들과 장소, 좋아하는 장난감과 물건, 그리고 재미있는 순간들을 보기 위해서 내 이야기 앨범을 볼 수 있다.

이야기 #19

아이들은 조금 천천히 자란다

아이들은 자란다. 어른들은 가끔 아이를 보며, "너 정말 빨리 자라는구나." 라고 말할 것이다. 만약 아이들이 정말 빨리 자란다면, 그들이 아래를 내려볼 때마다 그들의 발은 점점 더 멀어질 것이다!

지구 별에서의 많은 동물들에 비하면 아이들은 조금 천천히 자란다. 아이들의 몸은 조금씩 변한다. 햄스터는 6개월이 지나면 성인이 된다. 새끼 고양이는 1년에서 3년 사이에 성인 고양이(성묘)가 된다. 강아지는 2년에서 3년 사이에 개가 된다. 대부분의 사람들은 18세에서 25세 사이에 성인이 된다.

아이들은 바쁘다. 그래서 그들은 자라는 것을 깨닫지 못할 수도 있다. 그러던 어느 날 옷이나 신발이 너무 작아 몸에 맞지 않게 된다. 이런 일이 벌어질 때 몸이 커진 것이 약간 놀랍게 보일 수도 있다.

몸이 커진다는 것은 자라는 것의 일부다. 다른 동물들에 비해 아이들은 약간 느리게 자란다. 그래서 옷이 작아질 때까지 아이들은 몸이 커진다는 것을 종종 깨닫지 못한다.

이야기 #20

나는 왜 새 옷이 필요한가

나는 아이이고, 키가 크고, 몸이 커지고 있다. 모든 아이는 자란다. 옷은 계속 같은 사이즈다. 그 이유 때문에 아이의 옷은 몇 개월 정도 지나면 꼭 낀다.

옷이 너무 작을 때가 온다. 그리고 신발이 꼭 끼고, 신발 안의 발가락이 답답하다고 느껴질 것이다. 또 바지가 꽉 끼거나 짧다. 때로는 셔츠의 단추를 채우기가 힘들다.

이 순간이 새 옷이 필요할 때다.

나의 몸은 커지고 옷은 여전히 같은 사이즈이기 때문에 새 옷이 필요하다.

이야기 #21

트레버의 팀에 속한 사람들

트레버는 여덟 살이다. 여기에 트레버의 팀원들의 사진이 있다. 트레버의 팀에 속한 모든 사람은 트레버를 사랑하고 돌본다. 그들은 트레버가 안전하고, 편안하고, 행복하기를 바란다. 그들은 트레버를 가르치고, 그가 건강하고 행복한 성인으로 자라도록 돕기를 바란다.

내 팀원들의 사진도 있다. 내 팀에 속한 모든 사람은 나를 사랑하고 돌본다. 그들은 내가 안전하고, 편안하고, 행복하기를 바란다. 그들은 나를 가르치고, 내가 건강하고 행복한 성인으로 자라도록 돕기를 바란다. 엄마와 아빠는 팀원들의 사진을 찾아 내 이야기 앨범에 넣는 것을 도와준다.

이야기 #22

편안함이란 무엇인가

편안함은 좋고 안전한 감정이다.

편안함은 내 몸이 다치거나, 긁히거나, 가렵거나, 따끔거리지 않는다는 것을 의미한다. 나는 춥거나 덥다고 느끼지 않고 적당하다고 느낀다. 내 피부가 좋게 느껴진다. 내 머리, 코, 손가락, 그리고 발가락이 좋은 느낌을 받는다.

편안함은 내 몸의 어떤 부분도 다치거나 아프지 않다는 것을 의미한다. 두통도 없고 복통도 없다. 삐거나 부러진 뼈도 없다. 나쁜 소리도 안 난다. 나쁜 맛도 안 난다. 나는 내 속이 좋게 느껴진다.

편안함은 내 감정이 좋게 느끼는 것을 의미한다. 나는 걱정하지 않는다. 두렵지 않다. 슬프고, 나쁘고, 불안하거나 혼란스럽게 느끼지 않는다. 무엇을 할지 알고, 그것을 어떻게 할지 아는 것은 편안하다. 나는 행복하고, 차분하고, 편안하게 느낀다. 나는 내 감정이 좋게 느껴진다.

편안함은 장소나 물건이 좋고 안전하게 느껴지는 것을 의미한다. 의자나 편안한 방처럼 좋고 안전하게 느껴지는 물건과 장소가 있다.

편안함은 다른 사람이 주위에 있을 때 좋고 안전하게 느껴지는 것을 의미한다.

때때로 내 안이나 내 주변에 있는 모든 것이 좋게 느껴진다. 그럴 때 나는 완전히 편안하다. 편안함은 좋고 안전한 감정이다.

이야기 #23

무엇이 내게 편안한가

편안함은 좋고 안전한 감정이다. 무엇이 내게 편안한가?

편안함은 내 피부가 좋게 느끼는 것을 의미할 수 있다. 나는 편안한 옷을 가지고 있다. 잠옷은 종종 편안하다. 내게 편안한 세 종류의 옷은 다음과 같다.

편안함은 내 속이 편안하다는 것을 의미한다. 편안한 음식들이 있다. 편안한 음식들은 맛이 좋고 사람들을 행복하게 한다. 내게 편안한 세 가지 음식은 다음과 같다.

편안함은 내 감정이 좋은 것을 의미한다. 내가 하고 싶어 하는 일들이 있다. 나는 그 일들을 할 때 종종 행복함을 느낀다. 내가 좋아하는 세 가지 일은 다음과 같다.

편안함은 장소나 물건이 좋고 안전하게 느껴지는 것을 의미한다. 의자나 편안한 방처럼 좋고 안전하게 느껴지는 물건과 장소가 있다. 내가 편안하게 느끼는 세 가지 장소나 물건은 다음과 같다.

____

____

____

편안함은 주위에 있는 다른 사람이 좋고 안전하게 느껴지는 것을 의미한다. 내가 편안함을 느끼는 세 명의 사람은 다음과 같다.

____

____

____

때때로 내 안이나 내 주변에 있는 모든 것이 좋게 느껴진다. 그럴 때 나는 **완전히 편안하다.** 편안함은 좋고 안전한 감정이다.

이야기 #24

행복함은 편안한 감정이다

나를 행복하게 만드는 것들이 있다. 행복함은 편안한 감정이다.

나는 종종 장난감을 가지고 놀 때 행복함을 느낀다. 내가 갖고 놀기 좋아하는 장난감은 다음과 같다.

____

____

나는 종종 내가 좋아하는 주제에 대해 행복함을 느낀다. 주제는 그것에 관해 생각하고, 말하고, 그리거나, 쓰는 것이다. 내가 생각하고, 말하고, 그리고, 쓰기 좋아하는 주제는 다음과 같다.

____

____

어떤 사람들은 내게 매우 중요하다. 그들은 나를 계속 편안하고 행복하게 하려고 애쓴다. 내게 중요한 사람은 다음과 같다.

____

____

____

나는 자주 행복하고 편안하다.

이야기 #25

웃음 찾기

때때로 사람들은 행복할 때 웃는다. 내가 웃음을 찾아야 한다면, 나는 어디서 웃음을 찾을까?

나는 아이들이 노는 데서 웃음을 찾을 수 있다.

나는 엄마가 아이에게 이야기를 읽어 줄 때 웃음을 찾을 수 있다.

나는 아빠가 일을 마치고 집에 돌아올 때 웃음을 찾을 수 있다.

행복함은 거의 모든 곳에서 생겨날 수 있고, 웃음은 종종 그곳에서 발견된다.

이야기 #26

웃어라! 왜?

대부분의 사람들은 웃음을 좋아한다. 사람들이 웃을 때 입꼬리가 올라가고, 이가 보인다. 이가 보이지 않으면 그런 종류의 웃음은 미소라고 한다. 대부분 누군가 웃으면 그것은 즐거운 것을 의미한다.

웃음은 너를 만나서 반가워를 의미할 수 있다.

웃음은 나는 지금 재미있어를 의미할 수 있다.

웃음은 나는 행복해를 의미할 수 있다.

웃음은 나는 너와 얘기하고 싶어 또는 너와 놀고 싶어를 의미할 수 있다.

작고 젊잖은 웃음은 나는 네가 더 행복하기를 원해를 의미할 수 있다.

웃음은 또 다른 의미를 가질 수도 있다.

대부분 사람들이 웃으면 그것은 즐거운 것을 의미한다.

이야기 #27

불편함이란 무엇인가

불편함은 나쁘고, 때로는 불안전한 감정이다.

불편함은 내 몸 어딘가가 다치고, 긁히고, 가렵고, 따끔거리는 것을 의미할 수 있다. 벌에 쏘이거나, 옻이 오르거나, 베이거나 긁힘은 피부를 불편하게 만들 수 있다.

불편함은 내 몸 어딘가가 다쳤거나 아픈 것을 의미할 수 있다. 두통, 복통, 독감, 감기, 삔 발목, 부러진 뼈, 맛없는 음식은 불편할 수 있다.

불편함은 내가 걱정하고, 두려워하고, 화나고, 슬프고, 나쁘게 느끼는 것을 의미할 수 있다. 혼란스러운 감정도 역시 불편하다.

불편함은 어떤 물건이나 장소가 가까이 또는 주위에 있을 때 편안하지 않은 것을 의미할 수 있다. 어떤 사람들은 매우 좁은 공간에서 불편함을 느낄 수 있다. 또 어떤 사람들은 놀이기구를 타면서 불편함을 느낄 수 있다. 많은 사람들에게 시끄럽거나, 바쁘거나, 붐비는 장소는 불편할 수 있다.

불편함은 어떤 사람이 주위에 있을 때 불안전하게 느끼는 것을 의미할 수 있다. 종종 화를 내거나 감정 자제가 안 되는 사람들이 주위에 있으면 불편함을 느낀다. 때로는 대부분의 사람들은 그 장소에서 그렇게 하지 말아야 하는 행동을 하는 사람이 주위에 있으면 불편할 수 있다.

불편함은 나쁘고 때로는 불안전한 감정이다.

이야기 #28

내게 불편함이란 무엇인가

불편함은 나쁘고, 때로는 불안전한 감정이다.

불편함은 내 몸 어딘가가 다치고, 긁히고, 가렵고, 따끔거리는 것을 의미할 수 있다. 따가운 옷은 불편할 수 있다. 내 옷을 불편하게 만드는 세 가지는 다음과 같다.

불편함은 내 몸 어딘가가 다쳤거나 아픈 것을 의미할 수 있다. 두통은 불편하다. 내 몸을 불편하게 만드는 세 가지는 다음과 같다.

불편함은 내가 걱정하고, 두려워하고, 화나고, 슬프고, 나쁘게 느끼는 것을 의미할 수 있다. 우는 것은 불편하다. 내게 불편한 세 가지 감정은 다음과 같다.

불편함은 어떤 물건이나 장소가 가까이 또는 주위에 있을 때 편안하지 않은 것을 의미할 수 있다. 매우 더운 날씨는 불편하다. 매우 차가운 물로 목욕을 하는 것은 불편하다. 내게 불편한 세 가지 장소는 다음과 같다.

불편함은 어떤 사람이 주위에 있을 때 불안전하게 느끼는 것을 의미할 수 있다. 종종 화를 내거나 감정 자제가 안 되는 사람이 주변에 있으면 불편함을 느낀다. 때로는 대부분의 사람들은 그 장소에서 하지 말아야 하는 행동을 하거나, 다른 방식으로 행동을 하는 사람이 주위에 있으면 불편할 수 있다. 어떤 사람이 주위에 있어 내가 불편함을 느꼈던 때는 다음과 같다.

불편함은 나쁘고, 때로는 불안전한 감정이다.

이야기 #29

슬퍼도 괜찮지만 행복한 감정이 더 낫다

슬픔은 불행하고 불편한 감정이다. 슬퍼도 괜찮다. 모든 사람은 때때로 슬프다. 사람들은 슬플 때 울 수 있다. 사람이 슬플 때 기분이 나아지는 방법을 찾는 것은 중요하다.

브룩은 아이스크림 콘을 갖고 있었다. 아이스크림의 일부가 땅에 떨어졌다. 그녀는 슬퍼서 울었다.

코너도 문제가 생겼다. 그는 그의 원숭이 인형 엘로이를 친구 루크의 집에 놓고 왔다. 그는 슬펐다.

애론의 고양이 오손이 도망갔다. 애론과 그의 가족은 오손을 사랑한다. 그들은 슬펐다.

사람들은 슬플 때 기분이 나아지는 방법을 찾으려고 애쓴다.

때때로 사람들은 **모두** 잃은 것이 아니라는 걸 깨달았을 때 기분이 좋아진다. 브룩은 손에 여전히 콘을 들고 있고 거기에는 약간의 아이스크림이 남아 있다. 그녀는 그것을 먹고 행복해지기 시작했다.

때때로 다른 사람들에게 문제에 관해 이야기하는 것이 도움이 된다. 코너는 엄마에게 원숭이 인형 엘로이를 친구 루크의 집에 두고 왔다고 말했다. 코너의 엄마는 코너가 엘로이를 다시 찾도록 도와주었다. 코너는 엘로이를 다시 보게 되어 매우 기뻤다.

때때로 다른 사람들과 같이 일하는 것이 도움이 된다. 애론의 가족은 오손을 즉시 찾았다. 그들은 뒷베란다에서 오손을 찾았다. 그들은 오손을 찾아서 모두 매우 기뻤다.

슬픔은 불편한 감정이다. 사람들이 슬픈 것은 괜찮다. 사람들은 슬플 때 다시 행복해질 방법을 찾으려고 애쓴다. 그게 지구 별에서의 삶이다.

이야기 #30

모두 자신감 요새를 가지고 있다

자신감 요새(Fort Able)라고 불리는 장소가 있다. 자신감 요새는 매우 강하고 안전한 장소다. 이곳은 각자의 뇌 안에 있는 차분함, 편안함과 통제력이 있는 곳이다. 사람들은 거기서 최선을 다할 수 있다.

사람들은 자라면서 자신만의 자신감 요새를 만든다. 각각의 사람은 독특하다. 각각의 자신감 요새도 그렇다. 자신감 요새를 만드는 것을 다른 사람들이 도울 수 있지만 결국 그것을 만드는 사람에게 많은 것이 달려 있다. 각각의 자신감 요새에 들어가기 위한 3단계가 있다. 거기에 들어가는 방법은 다음과 같다.

- 각각의 자신감 요새에는 사진 갤러리가 있다. 좋아하는 사람과 재미있었던 시간의 사진들이 걸려 있다.
- 모든 자신감 요새에는 미디어 방이 있다. 좋아하는 노래, 영화, 전자게임과 재미있었던 순간의 비디오가 거기에 저장되어 있다.
- 모든 자신감 요새에는 스크랩북이 있는 방이 있다. 편안한 의미나 기억이 있는 일부 또는 전부가 있는 방이다.
- 모든 자신감 요새에는 체육관이 있다. 건강한 생각은 거기서 운동을 한다. 나의 팀과 나는 그 방을 위해 건강한 생각의 목록을 만들 것이다.

모든 자신감 요새는 그 주인을 사랑하는 사람들과 함께 있다. 그들은 보초를 서 주고, 어려울 때 도와주고, 좋을 때 응원해 주려고 애쓴다.

나는 뇌가 있고, 자신감 요새도 있다. 나는 여러분을 여행으로 이끌고, 끝까지 가이드 해 주려고 노력할 것이다.

자신감 요새에 온 것을 환영합니다 – 예(바꿀 수 있음)

이야기 #31

자신감 요새에 온 것을 환영합니다

나의 뇌 안에 있는 강력하고 안전한 장소인 자신감 요새에 온 것을 환영한다. 이곳은 여행의 첫 번째 정거장이다. 나는 이곳을 만든 사람이고, 주인이다. 나는 이곳에서 최선의 생각을 할 수 있다. 내가 그렇게 한 것을 여러분이 본다면 나는 좋겠지만 여러분을 내 귀나 입, 코로 들어가게 하는 것은 불가능하다. 그래서 여러분을 위해 그 요새에 들어가는 3단계를 그려 줄 것이다.

많은 요새는 나무, 돌덩어리, 시멘트 같은 단단한 물질로 만들어진다. 사람들은 뇌 안에서 요새를 생각과 상상으로 짓는다. 이것이 밖에서 보는 자신감 요새다. 물론 목적은 그 요새 안에 머무는 것이다.

사진 갤러리-예(바꿀 수 있음)

이야기 #32

사진 갤러리

이것은 사진 갤러리다. 좋아하는 사람과 재미있는 시간을 보낸 순간이 찍힌 사진들이 여기에 걸릴 것이다.

미디어 방-예(바꿀 수 있음)

이야기 #33

미디어 방

내 자신감 요새에는 이런 미디어 방이 있다. 좋아하는 노래, 영화, 전자게임, 그리고 재미있었던 순간의 비디오가 여기에 저장되어 있다.

스크랩북 방-예(바꿀 수 있음)

이야기 #34

스크랩북 방

이것은 스크랩북 방이다. 여기는 편안한 의미나 기억이 있는 일부 또는 전부가 있는 방이다.

체육관-예(바꿀 수 있음)

이야기 #35

체육관

이곳은 체육관이다. 건강한 생각들이 활동하는 곳이다.

내 팀에 있는 사람들 – 예(바꿀 수 있음)

이야기 #36

내 팀에 있는 사람들

이 사람들은 내 팀에 있는 사람들이다. 그들은 나를 위해 보초를 서고, 내가 힘들 때 도와주고, 좋을 때 응원하려고 애쓴다. 나는 여러분이 이 여행을 즐겼기를 바란다.

이야기 #37
자신감 요새로 오세요

자신감 요새라고 불리는 장소가 있다. 자신감 요새는 매우 강력하고 안전한 장소다. 여기는 각자의 뇌에서 사람들이 안정과 강한 통제력을 찾게 하는 장소다. 사람들은 여기서 가장 쉽게 똑똑하고 친절한 선택을 한다.

이 아이는 루크다. 그는 편안하고, 안정되고, 자신을 잘 통제하고 있는 것처럼 보인다. 그는 자신감 요새 안에 있다. 루크가 자신감 요새에 있을 때 그는 똑똑하고 친절한 선택을 할 수 있다.

때때로 루크는 불편하게 느낄 수 있다. 때때로 그는 화가 나고, 슬프고, 혼란스럽게 느낄 수 있다. 그는 자신감 요새 밖에 있다. 그곳은 루크를 똑똑하고 친절하게 생각하기 어렵게 만드는, 머물기에 불편한 장소다. 자신감 요새는 어디로 갔을까?

자신감 요새는 항상 거기에 있다. 루크는 전에도 여러 번 자신감 요새 안에 있었고, 더 많이 그곳에 갈 것이다. 따라서 지금 거기도 어딘가에 분명히 있을 것이다.

루크가 불편함을 느낄 때마다 그는 자신감 요새로 가는 첫 번째 단계를 밟는다. 그는 자기 자신에게 '**루크, 자신감 요새로 와!**' 라고 말한다. 루크가 어디에 있든 자신감 요새로 가는 길이 있다. 첫 번째 단계를 밟는 것은 그의 요새가 가까이에 있다는 더 확실한 증거다.

내 이름은 _________이다. 자신감 요새는 뇌 안의 장소다. 이곳은 내가 똑똑하고 친절한 선택을 하는 곳이다. 내가 자신감 요새 밖에 있다고 느낀다면, 그곳을 다시 찾아가려고 애쓸 것이다. 그 문을 여는 3단계가 있다. 첫 번째는 혼잣말로 '___________, **자신감 요새로 와라**(Come to Fort Able)!' 또는 줄여서 '**안심해**(ComFortAble[1])!' 라고 말하는 것이다.

1) Come to Fort Able이라는 영어 단어를 붙여서 ComFortAble이라는 줄임말처럼 만들어서 말장난을 한 것(편집자 주).

이야기 #38

자신감 요새로 가는 단계

자신감 요새라고 불리는 장소가 있다. 자신감 요새는 매우 강력하고 안전한 장소다. 여기는 각각의 뇌에서 사람들이 안정과 강한 통제력을 찾게 하는 장소다. 사람들은 여기에서 가장 최선을 다한다.

내 이름은 ________이다. 자신감 요새는 뇌 안에 있는 장소다. 이곳은 내가 똑똑하고 친절한 선택을 하는 곳이다. 내가 자신감 요새 밖에 있다고 느낀다면, 그곳을 다시 찾아가려고 노력할 것이다. 그 문을 여는 3단계가 있다. 첫 번째는 혼잣말로 '________, 자신감 요새로 와라!' 또는 줄여서 '안심해(ComFortAble)!'라고 말하는 것이다. 내가 첫 번째 단계를 찾을 수 없으면 나는 내 팀에게 도움을 요청할 것이다.

두 번째 단계는 자신감 요새 안에 있는 방들 중에 하나를 생각하려고 노력하는 것이다. 때때로 그 방에 대해 생각하면 나는 기분이 조금 나아질 것이다. 나는 조금 전보다도 더 똑똑하게 생각할 수 있을 것이다. 내가 두 번째 단계를 찾을 수 없을 것 같으면 나는 내 팀에게 도움을 요청할 것이다.

세 번째 단계는 자신감 요새 안으로 들어가는 것이다. 일단 안에 들어가서 편해지면 나는 최선의 생각을 할 수 있다. 나는 스스로 문제를 해결할 수 있을 것이다. 또는 내 팀이 내가 문제를 해결하는 것을 도와줄 수 있을 것이다.

안에 들어가는 3단계가 있다.

- 말한다–나 자신에게 '자신감 요새로 와라!'
- 생각한다–자신감 요새 안에 있는 방에 대해서
- 들어간다–자신감 요새 안으로

내게는 자신감 요새라고 불리는 장소가 있다. 나 스스로 그것을 만들었다. 그곳은 3단계를 거쳐 들어가는 강력하고 안전한 장소다.

05

축하와 선물

이야기 #39
생일파티로의 초대

나는 안젤라의 생일파티에 초대를 받았다. 그녀는 곧 여섯 살이 된다.

안젤라의 파티에서 우리가 무엇을 먹을지 짐작하기 위해 나는 생일파티에 대해 생각해 본다. 작년에 나는 트레이시의 파티에 갔다. 거기에는 케이크가 있었다. 우리는 게임을 했다.

생일파티에는 종종 생일 케이크가 있다. 안젤라의 파티에도 아마 ___________있을 것이다. 생일파티에서는 종종 게임을 한다. 안젤라의 파티에도 아마 ___________ 있을 것이다.

안젤라는 생일을 맞이한다. 나는 그녀의 파티에 초대받았다!

이야기 #40

우리는 전체 가족모임에 간다

우리의 전체 가족 모임은 명절 때마다 해 왔다. 작년에도 우리는 명절 때 전체 가족모임을 가졌다. 거기에 올해의 가족모임에서 무엇을 먹고, 무엇을 할 것인지의 힌트가 있을 수 있다. 우리 가족은 그런 힌트에 대해 보고, 듣고 올해의 가족모임을 추측한다.

나는 이 모임에 엄마, 아빠, 남동생 헌터, 우리 집 개 제스퍼와 함께 갈 것이다. 우리는 론다 고모 집에 갈 것이다. 할머니, 할아버지, 론다 고모의 남자 친구 케빈, 삼촌 제스와 그의 가족, 로즈 고모와 그의 가족이 모임에 초대되었다. 초대되었다는 것은 그들이 오는 것을 환영한다는 뜻이다. 때때로 일이 생겨 오지 못하는 사람이 있기도 하다. 일단 모임에 가면 누가 오는지 확실히 알 수 있을 것이다.

작년에도 우리는 명절 때 전체 가족모임을 가졌다. 아빠는 컴퓨터에 작년 가족모임 때 찍은 사진들을 보관하고 있다. 아빠는 내가 원할 때 그 사진들을 볼 수 있다고 말씀하신다. 그 사진들은 우리 가족이 이번 파티에 무엇을 할지 추측하게 도와준다. 어떤 일들은 똑같을 것이다. 어떤 일들은 다를 수 있다. 가족모임은 매년 열리지만 작년이랑 매번 똑같지는 않다. 그것은 불가능하다.

작년에는 음식이 많았다. 어떤 것은 어른들을 위한 것이다. 나는 할머니에게 어른들이 먹는 음식이 좋아 보이지만 나는 그것을 먹고 싶진 않다고 말했다. 아이들이 좋아하는 음식도 있다. 또 많은 디저트도 있었다. 엄마는 이번 모임에도 아이들이 좋아하는 음식과 많은 디저트가 있을 것이라고 추측하였다. 작년에 사람들은 포장된 선물들을 가져왔다. 헌터와 나는 이번에도 그럴 거라고 기대하고 있다. 나는 할아버지에게 사람들이 선물을 포장하지 않기를 바란다고 말했다. 할아버지는 많은 사람들이 선물을 포장하고 싶어 한다고 말하면서 올해도 사람들이 포장해 올 것이라고 추측하였다.

작년에 난 글을 읽지 못했다. 내가 한 일은 사람들에게 선물을 전달해 주는 것이었다. 비록 나는 글을 읽을 수 없었지만 그 일은 쉬웠다. 모든 선물 가장자리에 작은 사진이 붙어 있었다. 그래서 나는 사진을 보고 선물 주인을 찾아 주었다. 나는 내가 똑똑하고 중요한 사람이라고 느꼈다.

올해는 내 남동생 헌터가 사람들에게 선물을 전달해 주는 일을 하기로 하였다. 작년에는 내 차례였다. 올해는 헌터 차례다. 지금 난 글을 읽을 수 있다. 엄마는 내가 누구로부터 누구에게 가는 카드를 읽을 수 있어도 조용히 있는 것이 중요하다고 말씀하셨다. 내가 작년에 느꼈듯이 헌터에게 사진을 보게 하고, 스스로 똑똑하고 중요한 사람이라고 느끼게 하는 것이 중요하다.

엄마는 론다 고모와 할머니에게 전화하여 많은 대화를 하고 있다. 올해의 파티에 대해 계획을 세우고 있다. 계획은 무엇이 일어날지에 관한 힌트들이다. 때때로 계획이 바뀔 수도 있다. 그것을 기억하려고 애쓰는 것은 중요하다. 엄마는 이번 파티의 계획을 적어 놓는다. 그녀는 내가 원하면 그 계획들을 보게 해 줄 것이다.

우리 가족은 명절 때 전체 가족모임에 갈 것이다. 모든 가족이 초대되었다. 우리 가족은 올해의 가족모임에서 무엇을 먹고, 무엇을 할 것인지의 힌트를 찾기 위해 보고 듣는다. 우리는 사진에서 힌트를 찾는다. 우리는 파티 계획에서 다른 힌트를 찾는다. 올해의 파티 때 찍은 사진들은 다음 해의 파티에 힌트가 될 것이다!

이야기 #41

선물이란 무엇인가

선물은 누군가 다른 사람에게 가지라고 주는 특별한 것이다. 선물은 종종 생일이나 기념일을 축하하기 위해서 준다.

만약 내가 엄마에게 선물을 주면 선물은 엄마 것이 된다. 내가 아빠에게 선물을 주면 선물은 아빠 것이 된다. 내가 친구에게 선물을 주면 선물은 친구 것이 된다.

선물은 누군가 다른 사람에게 가지라고 주는 특별한 것이다.

이야기 #42

선물은 왜 중요한가

대부분의 사람들은 선물을 좋아한다. 사람들은 선물을 주고받는 것을 좋아한다. 선물이 사람들에게 왜 중요한지 여기 세 가지 이유가 있다.

첫 번째, 선물은 사람들이 축하하고 감정을 나누도록 돕는다. 선물은 '너에게 행복한 생일이기를 원해!' 라는 의미일 수 있다. 또는 선물은 '너를 사랑해, 고마워, 행운을 빌어!' 라는 의미일 수도 있다. 다른 의미를 가질 수 있지만, 대개는 좋은 것을 의미한다. 이런 이유로 선물을 주는 것은 아주 많이 흥미롭다.

두 번째, 선물을 받는 사람은 그것을 만들지 않아도 되고, 사는 데 돈을 쓰지 않아도 된다. 그것은 공짜다. 공짜로 무엇을 받는 것은 즐겁다.

세 번째, 선물은 사람들이 친구나 가족과 함께했던 즐거운 시간들을 기억하게 도와준다. 그런 이유로 많은 사람들이 받은 선물을 오랫동안—때로는 심지어 영원히—간직한다.

선물은 사람들이 좋은 순간과 감정을 같이 나누고 기억하게 도와준다. 이것이 선물을 매우 중요하게 만든다.

이야기 #43

사람들은 왜 선물을 포장할까

많은 사람들은 선물을 주기 전에 포장을 한다. 왜 그럴까?

포장은 선물을 숨기고 그것이 비밀이 되도록 한다. 나중에 포장을 열었을 때 그것은 기분 좋은 놀라움이 된다. 많은 사람들이 기분 좋은 놀라움을 재미있다고 생각한다.

포장된 선물은 예쁘다. 포장을 하려면 색지나 리본, 또는 카드가 필요하다. 선물을 포장하는 것은 선물을 숨기기 위한 좋은 방법이다.

포장된 선물은 특별한 때와 감정을 축하하는 것의 일부다. 포장을 하면 보기에도 예쁘고, 선물을 숨겨 주기 때문에 특별한 시간을 축제로 만들어 준다.

포장은 기분 좋은 깜짝 선물을 가려 주고, 예쁘게 만들어 주며, 동시에 축제 분위기를 만들어 준다.

이야기 #44

누군가에게 선물을 주는 방법

사람들에게 선물을 주는 방법을 배우는 것은 중요하다. 비록 선물을 주는 것이 기분 좋은 일이지만, 처음 몇 번은 약간 어색하게 느낄 수 있다. 어떻게 하는지를 아는 것은 선물 주기를 쉽게 하는 데 도움이 된다.

내가 누군가에게 선물을 줄 때 나는 단지 몇 마디만 하면 된다. 예를 들어, '여기 너를 위한 선물이 있어.' 거기다가 덧붙여서 '네가 이걸 좋아했으면 좋겠어.'라고 말할 수 있다. 생일선물이면 나는 '생일 축하해.'라고 말할 수 있다. 크리스마스 때는 '메리 크리스마스!'라고 말할 수 있다. 추석 때 주는 선물이면 '즐거운 추석 되세요!'라고 말할 수 있다.

종종 사람들은 선물을 열어 보기도 전에 '고마워.'라고 말할 것이다. 그들은 안에 무엇이 있는지조차 모르는데 벌써 '고마워.'라고 말하고 있다. 왜 그럴까? 사람들은 선물을 고르고 포장하는 데 시간이 걸린다는 것을 안다. 그들이 하고자 하는 말은 **나를 생각해 줘서 고맙고, 날 위해 선물을 사서 포장해 줘서 고마워**를 의미한다.

때때로 사람들은 곧장 선물을 연다. 어떤 때는 나중에 열려고 기다리기도 한다.

처음엔 누군가에게 선물을 주는 것이 약간 어색하게 느껴질 수도 있다. 따라서 이때 무슨 행동을 하고, 무슨 말을 할지 배우는 것은 도움이 된다. 상대방이 무슨 행동을 할지, 무슨 말을 할 것인지 아는 것도 도움이 된다. 누군가에게 선물 주는 것을 연습하다 보면 더 쉽고 자연스러워진다.

이야기 #45

선물을 여는 방법

때때로 사람들은 내게 선물을 준다. 나는 선물을 받았을 때 무엇을 생각하고, 말하고, 행동해야 하는지를 배우고 있다.

선물을 고르고 포장하는 데는 시간과 돈이 든다. 이런 이유 때문에 선물을 받았을 때 (비록 열기 전이라도) 바로 '고맙다.'라고 말하는 것은 남을 배려하는 것이다. 이것은 **나를 생각해 줘서 고맙고, 나를 위해 이 선물을 준비해 줘서 고마워**를 의미한다.

곧바로 선물을 여는 것도 괜찮을 수 있다. 또는 나중에 선물을 열 때까지 기다리는 것도 좋을 수 있다.

선물을 열어 본 후에 '고마워.'라고 말하는 것이 중요하다.

나는 선물을 받았을 때 무엇을 생각하고, 말하고, 행동해야 하는지를 배우고 있다. 선물을 받으면 이것을 실행하려고 노력할 것이다!

이야기 #46

선물을 여는 것을 왜 기다려야 할까

선물에는 기분 좋은 놀라운 것이 들어 있다. 선물을 여는 것을 기다리는 것은 특히 아이들에게는 약간 불만스러울 수 있다. 어떻게 어른들은 그렇게 침착할 수 있을까? 왜 어른들은 아이들에게 당장이 아니라 나중에 선물을 열어 보라고 하는 걸까?

어른들이 무엇을 생각하는지 아는 것이 도움이 된다. 어른들은 선물을 여는 것만큼 선물을 열려고 기다리는 것도 똑같이 흥미 있어 한다. 어른들은 예쁜 선물들 사이에 앉아서 이야기하는 축제 분위기를 좋아한다.

어른들은 선물을 열기 전에 조금 기다리는 것이 예의 바르다고 생각할 수 있다. 그래서 많은 파티에서 선물을 열기 전에 먹거나, 이야기하거나, 게임을 한다.

선물을 가지고 오는 사람들과 시간을 보내는 것이 선물을 여는 것보다 더 중요하다. 사람들을 접대하는 것이 우선이다.

보통 어른들이 언제 선물을 열지 정한다. 지금일 수도 있지만, 종종 나중이 될 수도 있다. 때때로 어른들이 생각하는 것을 알면 나중에 선물을 여는 것이 더 쉬워질 것이다.

이야기 #47

포장된 선물 주위에서 차분하게 있는 법 배우기

포장된 선물을 보고 있으면 신난다. 안에 재미있는 것이 있을 수 있다! 흥분되는 것은 좋은 감정이다.

때때로 사람들은 흥분한 사람에게 기다리라고 부탁한다. 이런 일이 벌어질 때면, 흥분감은 약간 불편하기도 하다. 이때 무엇을 생각하고, 행동하고, 말할지를 알면 도움이 된다.

종종 어른들이 언제 선물을 열지 정한다는 것을 기억하는 것이 중요하다. 많은 순간 아이들은 바로 선물을 열어 보고 싶어 할 수 있다. 그러나 바로 선물을 열어 보는 것이 적절하지 않을 때가 있다.

포장된 선물을 다루는 법을 아는 것은 중요하다. 선물을 열어도 된다고 할 때까지 기다리는 것을 배우는 것은 나와 다른 사람들에게 도움이 된다. 선물 포장을 풀어도 된다고 할 때까지 할 무언가를 찾는 것은 기다리는 것을 더 쉽게 해 줄 수 있다.

주위에 포장된 선물이 있을 때 무슨 말을 할지 아는 것은 도움이 된다. 아이들이 "지금 풀어 봐도 될까요?"라고 말하는 것은 괜찮다. 하지만 그 질문을 단지 몇 번만 더 묻는 것이 중요하다. 왜냐하면 같은 질문을 너무 자주 받게 되면 어떤 사람들은 불쾌하게 느끼기 때문이다.

종종 어른들이 선물을 풀 때를 결정한다. 내가 선물 푸는 시간을 왜 기다려야 하는지에 관한 궁금증이 생기면 어른에게 물어볼 수 있다.

이야기 #48
어떤 선물은 실망스럽다

대부분의 선물은 기분 좋은 놀라움이다. 그러나 가끔은 선물이 실망스러울 수 있다. 이런 일은 사람들이 서로 선물을 주고받을 때 일어날 수 있다.

때때로 실망감은 놀라운 슬픔이다. 어떤 사람이 행복하고 기분 좋은 일이 일어나기를 기대한다. 하지만 그런 일이 일어나지 않는다. 그 사람은 슬프고, 그렇게 느끼면서 놀란다. 이런 일이 일어날 때 **실망감**은 예고 없이 찾아오는 슬픔이다.

선물은 원하는 것이 아닐 때 실망스러울 수 있다. 여기 한 예가 있다. 찰리가 안젤라에게 공룡 책을 준다. 안젤라는 공룡에 관심이 없다. 안젤라는 공룡이 따분하다고 생각한다. 안젤라에게 공룡 책을 선물받는 것은 실망스러운 일이다.

선물은 필요한 것이 아닐 때 실망스럽다. 여기 한 예가 있다. 파커는 돌을 좋아해서 돌에 관한 책들을 많이 가지고 있다. 파커는 할아버지에게 선물을 받았다. 그것은 돌에 관한 책이다. 그러나 파커는 이미 그 책을 가지고 있다. 그는 똑같은 두 권의 책을 가지고 있을 필요가 없기 때문에 실망한다.

무엇을 받을 거라고 기대하면서 선물을 열었지만 다른 것을 받았을 때 실망할 수 있다. 안젤라는 생일에 바비 인형을 받기를 기대하고 있었다. 안젤라는 할머니가 준 선물을 연다. 하지만 선물은 양말이다. 안젤라는 바비 인형을 받기 원했기 때문에 양말을 보았을 때 실망할 수 있다.

거의 모든 사람은 가끔 선물 때문에 실망한다. 이런 이유 때문에 부모님은 아이들에게 실망스러운 선물에 대해 가르친다. 이런 식으로 아이들은 선물이 실망스러울 때 무엇을 생각하고, 말하고, 행동해야 할지 배운다.

이야기 #49

선물이 실망스러울 때 무슨 생각을 하고, 행동하며, 말해야 하는가

어느 날 나는 실망스러운 선물을 열어 볼 수 있다. 내 생일이거나 기념일일 수도 있다. 대부분의 사람들은 가끔 선물 때문에 실망한다.

선물이 실망스러울 때 무슨 생각을 할지 알면 도움이 될 수 있다. 실망스러운 선물도 선물이다. 어떤 사람이 그것을 내게 주었다. 그 사람은 내가 그 선물을 좋아하기를 바란다. 이것을 기억하는 것이 중요하다.

선물이 실망스러울 때 어떻게 행동할지 알면 도움이 될 수 있다. 실망감이 내 통제하에 있는 것이 가장 중요하다. 그런 식으로 나는 다른 사람의 감정을 보호해 줄 수 있다. 나는 내 실망감을 통제하려고 애쓸 것이고, 다른 사람의 감정을 안전하게 지키려고 노력할 것이다.

선물이 실망스러울 때 무슨 말을 할지 알면 도움이 될 수 있다. 나는 '고맙다.'라고 말하려고 애쓸 것이다. 비록 선물이 실망스러울지라도 누군가에게 감사인사를 하는 것이 예의 바르다.

어떤 선물들은 실망스럽다. 이때 무엇을 생각하고, 어떻게 행동하고, 무슨 말을 할지를 배우는 것은 내가 실망감을 통제하도록 도울 수 있다. 이것을 연습하면 실망스러운 선물을 열어도 다른 사람의 감정을 안전하게 지킬 수 있다.

06

인간관계 기술과 우정

이야기 #50

인사하는 법

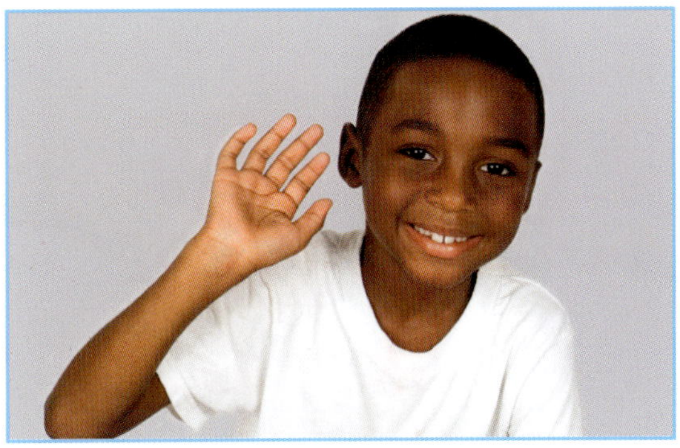

인사하는 방식은 여러 가지다.

아는 사람을 만나면, 특히 그날 그 사람을 처음 봤을 때는 친근하게 '안녕.'이라고 말한다. 그 사람 역시 '안녕.'이라고 말할 수 있다. 그 사람은 나와 말하려고 발길을 멈출 수 있다.

때때로 사람들은 '안녕.'이라고 말하면서 악수를 한다. 사람들이 나를 처음 만나면 악수를 하려고 할 수 있다. 내가 나이가 들수록 이런 상황은 점점 많이 일어날 것이다.

가끔 나는 친척이나 친한 친구를 방문하러 간다. 내가 도착할 때 하는 짧은 포옹은 **안녕**을 의미한다.

때때로 나는 아는 누군가를 스쳐 지나가면서 웃으며 손을 흔들거나 그냥 고개를 끄덕일 수 있다. 내가 그 사람에게 '안녕.'이라고 말했다면 그날에 다시 만나 내가 미소 짓거나 손을 흔들거나 고개를 끄덕이는 것은 **다시 안녕**을 의미한다. 이렇게 하는 것이 친근한 행동이다.

이야기 #51

사람들은 왜 악수를 하는가

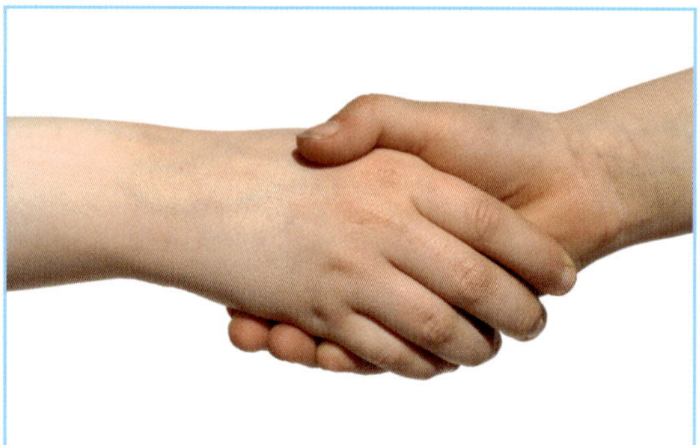

사람들은 여러 가지 이유로 악수를 한다. 사람들은 누군가를 처음 만나거나 오랫동안 보지 못한 사람과 인사할 때 악수를 한다. 때때로 사람들은 파티나 모임을 떠날 때 악수를 한다. 사람들이 함께 계획이나 계약에 합의했을 때 '거래를 마치면서' 악수를 할 수도 있다. 이런 각각의 경우에 악수는 친근한 몸짓으로 이용된다.

역사를 공부하는 사람들은 영국에서 수백 년 전에 악수를 사용하기 시작했다고 주장한다. 그 당시 사람들은 가끔 무기를 들고 다녔다. 남자들은 때때로 왼쪽 소매 안쪽 위에 무기를 숨기곤 했다. 왼쪽 팔을 뻗어서 다른 사람과 악수를 하는 것은 단지 무기를 숨기지 않았다는 것을 보여 주는 것이었다. 후에 무기를 가지고 다니는 일이 자주 일어나지 않아서 악수는 오른손으로 하게 되었다.

사람들은 여러 가지 이유로 악수를 한다. 그렇게 긴 역사를 지닌 악수는 앞으로도 오랫동안 계속 사용될 가능성이 높다.

이야기 #52

악수하는 방법

아이들은 자라면서 악수하는 방법을 배운다. 어른들은 종종 누군가를 만나거나 인사를 할 때 악수하기 때문에 이것은 중요하다. 이런 이유 때문에 나는 어른들과 악수하는 방법을 배우고 있다.

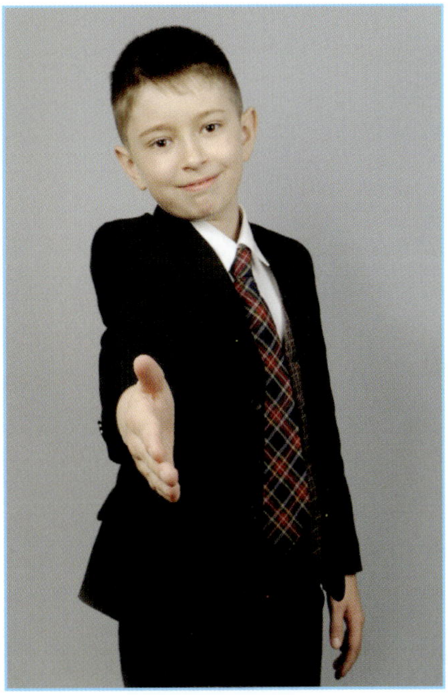

어른들은 아이들보다 훨씬 자주 악수를 한다. 비록 가끔이기는 하지만, 아이들도 악수를 해야 할 때가 있다. 이때 아이들은 악수하는 연습을 통해 어른이 되기 전에 악수하는 방법을 알게 된다.

악수하기 위해 다음 다섯 가지 단계를 연습해 볼 수 있다.

- 오른손을 펼친 채 오른팔을 앞으로 뻗는다.
- 다른 사람의 손을 쥔다.
- 다른 사람의 손을 쥔 채, 손을 위아래로 흔든다.
- 오른손을 편다.
- 다시 내 쪽으로 팔을 가져온다.

자주 있는 일은 아니지만 가끔 어떤 사람이 악수를 하기 위해 팔을 내밀 때, 상대방이 팔을 그대로 둔 채 있을 수 있다. 이런 일은 당황스러울 수 있다. 이럴 때는 상대방과 악수하지 않고 내 팔을 내려도 괜찮다.

다른 사람과 악수하는 방법을 아는 것은 중요하다. 다른 사람과 악수하는 것을 연습할수록 내겐 점점 쉬워질 것이다.

이야기 #53

두 사람이 포옹하기

때때로 두 사람은 포옹한다. 그것은 두 사람이 동시에 하는 포옹이다.

동시에 하는 포옹은 종종 **안녕** 또는 **잘 가**를 의미한다.

가끔 사람들은 감정을 나누기 위해 서로 포옹한다. 이런 포옹은 **너를 사랑해**, **우리는 행복해**, 또는 **우리는 슬퍼**를 의미할 수 있다.

사람들이 동시에 서로를 껴안을 때 그들은 종종 다음과 같이 한다.

- 서로 마주 보고 가까이 선다.
- 상대의 몸을 하나 또는 두 개의 팔로 감싼다.
- 서로 세게 말고 살짝만 꼭 껴안는다.
- 누구 한 사람이 팔을 풀기 시작하면 포옹을 그만한다.

가끔 두 사람이 동시에 서로 포옹한다. 두 사람이 하는 포옹은 감정을 나누는 한 가지 방법이다.

이야기 #54

한 사람이 해 주는 포옹

사람들은 감정을 나누려고 포옹을 한다. 가끔 두 사람은 동시에 서로를 껴안는다. 이것은 두 사람이 하는 포옹이다. 어떤 때는 한 사람이 상대를 껴안는다. 이것은 한 사람이 해 주는 포옹이다. 한 사람이 해 주는 포옹은 여러 가지를 의미할 수 있다.

한 사람이 해 주는 포옹에서 한 사람은 상대를 끌어안는다. 포옹을 하는 사람은 하나나 두 개의 팔로 상대를 감싼다.

때때로 한 사람이 해 주는 포옹은 **이 애가 내 친구야**를 의미한다. 아이들은 종종 이런 포옹을 한다. 한 아이가 다른 아이의 몸에 자기 팔을 올려놓는다. 하지만 상대 아이가 친구가 되고 싶지 않을 때 이런 포옹을 하면 약간 짜증스러울 수 있다.

때때로 사람들은 상대의 기분이 나아지는 것을 돕기 위해 한 사람이 해 주는 포옹을 사용할 수 있다. 엄마와 아빠는 아이들이 정말 슬퍼하거나, 다치거나, 불편해 하거나, 놀랐을 때 이 포옹을 사용한다. 때때로 그것은 효과가 있지만 어떨 때는 효과가 없다.

한 사람이 해 주는 포옹은 **잘하고 있어** 또는 **난 네가 자랑스러워**를 의미할 수 있다. 엄마와 아빠는 이 포옹을 아이들에

게 사용한다. 때로는 코치가 선수에게 이 포옹을 사용할 수 있다. 상대가 자랑스러워서 하는 포옹은 등을 가볍게 두드리거나 손뼉을 마주치면서 시작하거나 끝날 수 있다.

한 사람이 해 주는 포옹은 많은 의미를 가질 수 있다.

이야기 #55

내가 이야기를 들을 차례가 됐을 때

사람들은 서로 대화를 주고받는다. 사람들은 자라면서 다른 사람의 이야기를 듣는 것이 중요하다는 것을 배운다. 이야기를 들어 주는 것은 각자에게 대화가 재미있고 흥미롭도록 도와준다. 이야기를 듣는 것은 사람들이 친구를 사귀는 데 도움이 된다. 나는 대화할 때 내가 들을 차례가 되면 무엇을 해야 하는지를 배우고 있다.

대화를 하기 위해서 사람들은 말하기와 듣기를 교대로 하는 것을 배운다. 한 사람이 이야기하는 동안 상대방은 듣는다. 이따금 벌어지는데, 동시에 두 사람이 이야기를 하면 상대방이 무엇을 이야기하는지 알 수 없다. 교대로 말하는 것이 훨씬 더 효과적이다.

이야기를 듣는 것은 단어들을 듣고 그것의 의미를 생각하는 것이다. 종종 사람들은 그들이 말하는 것을 의미하지만, 때로는 다른 것을 의미하기도 한다. 이것은 이야기 듣는 것을 어렵게 만들 수 있다. 사실 많은 사람들에게 이야기하는 것이 듣는 것보다 더 쉽다. 그래서 많은 사람들은 더 잘 들으려고 애를 써야만 한다.

내가 들을 차례가 되면 나는 사람들이 한 말을 들으려고 노력할 것이다. 나는 그 말의 의미를 생각하려고 애쓸 것이다. 내가 들을 차례에 무엇을 해야 하는지 배울 때 우리 엄마, 아빠, 그리고 선생님은 나를 도울 준비가 되어 있다.

이야기 #56

사람들이 칭찬하는 것에 감사하기

가끔 사람들은 도움이 되는 말이나 친절한 말을 한다. 기분 좋은 말을 들었을 때 '감사합니다(thank you).'라고 말하는 것은 네가 해 준 말이 내게 도움이 돼 또는 네가 해 준 말이 내게는 친절해라는 뜻이다. '감사합니다.'라고 말하는 것은 똑똑하고 친절한 행동일 때가 많다.

가끔 사람들은 나를 돕는다. 나는 어제 수학 숙제에 대한 질문이 있었다. 교실에서 시드니는 내 옆에 앉았다. 시드니는 숙제를 기억했다. 시드니가 "32쪽에 있는 모든 문제를 풀어야 해."라고 말했다. 나는 "고마워."라고 했다. '고마워(thanks).'는 '감사합니다.'의 간단한 표현이다.

때때로 사람들은 내게 친절한 말을 한다. 지난주 내 생일에 나는 학교에 새 셔츠를 입고 갔다. 선생님은 "생일 축하해! 셔츠도 멋있네!"라고 말씀하셨다. 사람들은 자기 생일을 기억하는 건 쉽지만, 다른 사람의 생일을 기억하는 건 어렵다. 나는 선생님에게 "고마워요."라고 말했다.

고마워는 네가 그렇게 말해 주니 좋아!를 의미하는 친근한 표현이다.

나는 사람들이 내게 친절한 말을 해 줄 때 '감사합니다.'라고 말하려 할 것이다. 그러면 그들은 내게 한 친절한 말을 내가 좋아한다는 것을 알게 될 것이다.

이야기 #57

친절을 베푼 사람들에게 감사하기

때때로 사람들은 나를 위해 친절한 행동을 한다. 누군가 친절하게 대해 줬을 때 '감사합니다.' 라고 말하는 것은 나를 위해 해 준 것이 도움이 돼 또는 나를 위해 해 준 것이 친절해라는 뜻이다. '감사합니다.' 라고 말하는 것은 똑똑하고 친절한 행동일 때가 많다.

때때로 사람들은 나를 돕는다. 어제 메리는 내게 연필을 빌려 주었다. 누군가 나를 도우면 나는 '감사합니다.' 라고 말하려고 노력할 것이다.

때때로 사람들은 나와 물건을 나누어 쓴다. 내가 에이든의 집에서 놀 때 우리는 그의 장난감을 갖고 논다. 에이든은 나와 장난감을 나눠 쓴다. 누군가 나와 물건을 같이 쓸 때, 나는 '감사합니다.' 라고 말하려고 노력할 것이다.

나는 '감사합니다.' 라고 말하려고 노력할 것이다. 그러면 사람들은 그들이 나를 위해 한 행동에 내가 기분 좋아한다는 것을 알게 될 것이다.

감사합니다는 다른 사람들이 나를 위해 한 행동에 내가 기분 좋아한다는 것을 알게 하는 친근한 표현이다.

이야기 #58

남을 돕는 것 배우기

돕는 것은 다른 사람을 위해 뭔가를 하는 것이다. 도움이 되는 것은 친절하고 사려 깊은 것이다.

때때로 사람들은 도움을 요청한다. 엄마는 내게 가방을 들어 달라고 할 수 있다. 엄마는 내 도움이 필요하다. 또는 아빠가 내게 컴퓨터에 대한 질문을 할 수 있다. 아빠는 도움이 필요하다.

어떨 때 사람들은 요구하지 않지만 도움이 필요할 수 있다. 이럴 때는 도와주는 것이 정말 좋다.

내가 도움을 주는 데는 여러 가지 방법이 있다.

이야기 #59

도움을 요청하지 않은 사람을 돕기

많은 사람들은 도움을 필요로 한다. 사람들은 도움을 요청하지 않을 수 있지만, 확실히 도움을 이용할 수 있다. 그들이 필요한 도움을 다른 사람이 알아보는 것은 매우 친절한 것이다.

사람들은 종종 혼자서 일을 해내기 어려울 때 도움을 필요로 한다. 유모차를 끌고 있는 엄마가 문을 여는 것은 어렵다. 이때 문을 잡아 주는 것은 도움이 된다.

사람들은 종종 처음으로 어떤 것을 할 때 도움을 필요로 한다. 우리 반에 새로운 남자아이가 있는데 점심시간이 되었다. 그는 전에 우리학교에서 점심을 먹으러 간 적이 없다. 그 아이는 우리 학교에서 점심을 어떻게 먹는지를 배우는 데 약간의 도움을 필요로 할 수 있다.

사람들은 종종 급할 때 도움이 필요하다. 사람들은 급할 때 일을 빨리 하려고 애쓴다. 그 일들 중 하나를 해 주면 그들의 일은 훨씬 쉬워진다.

도움이 필요한 사람들을 찾으려고 하면 내가 어디에 있든, 무엇을 하든 그들을 찾을 수 있다. 왜냐하면 사람들은 종종 도움이 필요하기 때문이다.

이야기 #60

도움을 원하는 사람을 돕는 것이 가장 쉽다

사람들은 자주 도움이 필요하다. 사람들은 혼자서 하기 어려운 일이 있을 때 도움을 필요로 한다. 사람들은 어떤 일을 처음 할 때 도움이 필요하기도 하다. 또는 사람들은 급할 때 도움이 필요할 수 있다.

도움이 필요한 사람을 보면 나는 도움을 줄 수 있다. 내 여동생은 이제 막 신발끈 묶는 것을 배웠다. 연습하고 있지만, 여동생이 매듭을 묶는 데는 여전히 시간이 많이 걸린다. 나는 여러 해 동안 신발끈을 묶어 왔다. 나는 꽤 빨리 신발끈을 묶을 수 있다. 나는 가끔 내 여동생이 신발끈을 묶는 걸 도와줄 수 있다. 나는 '너는 내가 네 신발끈 묶는 것을 도와주길 원해?'라고 말하면서 시작할 수 있다.

그녀의 답변을 세심하게 듣는 것은 중요하다. 왜냐하면 도움을 원하는 사람을 돕는 것이 가장 쉽기 때문이다.

사람들은 도움을 원할 때 협조한다. 내 여동생이 자기 신발끈 묶기를 도와주길 원하면 나에게 협조할 것이다. 여동생은 내가 그녀의 신발끈을 쉽게 묶을 수 있도록 발을 가만히 둘 수 있다. 또는 도와주기 때문에 웃을 수 있다. 여동생이 내가 도와줘서 기뻐한다는 것은 그녀가 협조하는 걸 보면 알 수 있다.

대체로 내게 도움을 원하는 사람을 돕는 것이 가장 쉽다.

이야기 #61

도움을 원하지 않는 사람을 돕는 것은 어려울 수 있다

사람들은 자주 도움이 필요하다. 사람들은 혼자서 하기 어려운 일이 있을 때 도움을 필요로 한다. 사람들은 어떤 일을 처음 할 때 도움이 필요하기도 하다. 또는 사람들은 급할 때 도움이 필요할 수 있다.

도움이 필요한 사람을 보면 나는 도움을 줄 수 있다. 내 여동생은 이제 막 신발끈을 묶는 것을 배웠다. 연습하고 있지만, 여동생이 매듭을 묶는 데는 여전히 시간이 많이 걸린다. 나는 여러 해 동안 신발끈을 묶어 왔다. 나는 꽤 빨리 신발끈을 묶을 수 있다. 나는 가끔 내 여동생이 신발끈을 묶는 걸 도와줄 수 있다. 나는 "너는 내가 네 신발끈 묶는 것을 도와주길 원해?" 라고 말하면서 시작할 수 있다.

그녀의 답변을 세심하게 듣는 것은 중요하다. 왜냐하면 도움을 원하는 사람을 돕는 것이 가장 쉽기 때문이다.

내 여동생은 자기 신발끈을 묶는 데 도움을 받고 싶어 하지 않을 수 있다. 그녀는 싫다고 말하려고 고개를 저으면서 '아니.' 라고 말하거나 발을 빼 버릴 수 있다. 이렇게 전부 또는 이것들 중에 하나만 표현해도 지금 내 도움을 원하지 않는다는 뜻이다. 다른 때는 여동생이 신발끈 묶는 것을 도와주기를 원할 수 있지만 지금 당장은 아니다.

누군가 도움을 원하지 않는 이유는 여러 가지가 있다. 내 여동생은 혼자서 신발끈을 묶으면서 다 자랐다고 느끼고 싶어 할 수도 있다. 또는 엄마나 아빠가 도와주기를 원할 수도 있다.

내가 도와주려고 할 때, '아니.'라는 답을 들어도 괜찮다. 그 사람이 진짜 위험에 처하지 않았다면 가서 다른 일을 해도 괜찮다. 가끔 사람들은 도와주려고 할 때 거절을 당하면 약간 슬프다. 도움이 거절당하면 슬플 수 있다. 내 도움을 원하는 다른 사람이 있다는 것은 내 기분을 나아지게 할 수 있다.

때때로 사람들은 도움이 필요하지만 도움을 원하지 않는다. 이럴 때는 다른 일을 하는 것이 현명한 선택이다. 내 도움을 필요로 하는 다른 많은 사람들이 있다.

이야기 #62

나눔이란 무엇인가

나는 나눔에 대해 배우고 있다. 누군가 나에게 나눠 쓰자고 할 때가 있다. 엄마도 나에게 나눠 쓰라고 할 수 있다. 아빠도 내게 나눠 쓰라고 할 수 있다. 반 친구가 나눠 쓰자고 할 수 있다. 나눠 쓰는 것이 무엇이고, 왜 그렇게 해야 하는지 아는 것은 나눠 쓰는 것을 쉽게 해 줄 수 있다.

때때로 나누는 몫은 어떤 것의 일부다. 누군가에게 큰 초콜릿 케이크가 있는데 열두 명의 사람이 먹고 싶어 하면 각자 나눈 몫을 먹는다. 그들에게 나누어진 케이크 조각이 그들의 몫이다. 각 조각이 같은 크기라면 공정한 것이다!

어떤 때는 나눈 몫이 어떤 것의 일부이지만 각 조각이 같은 것이나 같은 크기가 아닐 수 있다. 점심을 나눠 먹는 것이 이와 같다. 나는 점심으로 샌드위치, 사과, 크래커 한 봉지를 가지고 있을 수 있다. 만약에 내가 샌드위치와 사과를 먹고, 크래커를 친구한테 주면 점심을 나눠 먹는 것이다.

사람들은 나눠지지 않는 것도 나눌 수 있다. 네 명의 아이들이 소파에 앉으면 소파를 나눠 쓰는 것이다.

사람들은 교대로 나눠 쓰기도 한다. 우리 가족은 컴퓨터 하나를 나눠 쓴다. 각자는 컴퓨터를 다르게 쓴다. 엄마는 요리법을 얻기 위해 가끔 사용한다. 누나는 숙제하기 위해서 컴퓨터를 사용한다. 우리 가족은 동시에 컴퓨터를 사용할 수는 없다. 그래서 각자 교대로 컴퓨터를 사용한다.

아이들은 자라면서 나눠 쓰는 법을 배운다. 많은 아이들은 나눠 쓰는 것이 좋은 일이라는 걸 알게 된다. 도움을 나누어 주면 친구도 된다. 우리 엄마, 아빠도 한때는 어린아이였다. 그들은 자라면서 나눠 쓰는 법을 배웠다. 그들은 나눔에 관한 내 질문에 답해 줄 수 있다.

나는 자라면서 나눔에 대해 더 많이 배우려고 애쓸 것이다.

이야기 #63

존경심이란 무엇인가

나는 존경심에 대해 배우고 있다. 존경심은 다른 사람을 조심스럽게 그리고 사려 깊게 대하는 것이다. 사람들은 친절한 말과 행동으로 존경심을 표현한다. 존경심은 환영받고, 편안하고, 안전하게 느낄 수 있도록 도와준다.

집에서 부모와 아이들은 친절한 말과 행동을 하면서 존경심을 표현한다. 존경심은 가족이 편안하고 안전하게 느낄 수 있도록 도와준다.

학교에서 선생님과 학생들은 친절한 말과 행동을 하면서 존경심을 표현한다. 존경심은 교실에서 모두가 편안하고 안전하게 느끼도록 도와준다.

나는 다른 사람들을 대할 때 조심스럽고 사려 깊게 하려고 애쓸 것이다. 나는 친절한 말과 행동을 하려고 애쓸 것이다. 나는 사람들이 환영받고, 편안하고, 안전하게 느끼도록 존경심을 표현하려고 노력할 것이다.

이야기 #64

내가 생각하는 것을 예의 바르게 말하기

나는 예의와 감정에 대해 배우고 있다. 모든 아이에게는 감정이 있다. 어른들은 자주 아이들에게 감정에 대해 말하도록 가르친다. 다른 사람들에게 내가 어떻게 느끼는지 말하는 법을 배우는 것은 중요한 기술이다. 감정에 대해 예의 바르게 (존경심을 가지고) 말하는 법을 배우는 것은 다음 단계다.

보통의 아이들은 행복하고 편안할 때 예의 바르게 말하는 것이 더 쉽다. 이것은 내게도 맞는 사실일 수 있다. 행복할 때 나는 차분한 목소리로 협조적으로 말한다. 동시에 나는 예의 바르게 말하고 있다.

때때로 아이들은 불만스럽거나 화가 난다. 이럴 때 그들이 예의 바르게 말하는 것은 더 어렵다. 이런 감정을 나누는 것은 중요하다. 또한 차분한 목소리로 협조적으로 말하는 것도 중요하다. 이것은 연습이 필요하다.

나에게는 내 팀이 있다. 엄마, 아빠, 선생님이 내 팀이다. 내가 화나거나 불만스러울 때 나를 존중해 주며 내 감정에 대해 말하도록 도와줄 것이다.

자라면서 화나거나 불만스러울 때가 있을 것이다. 내 팀과 연습하는 것은 내 화를 표현하는 동시에 다른 사람에게 예의 바르게 표현할 수 있도록 도와줄 것이다.

이야기 #65

예의 바르게 다시 말하기

나는 존경심에 대해 배우고 있다. 많은 아이들은 때때로 예의 바르게 (존경심을 가지고) 표현하는 데 실수한다. 이것은 무례하다고 불린다. 그들은 무례한 말투나 단어들을 사용할 수 있다. 이것은 다른 사람의 감정을 상하게 하거나, 모욕하거나, 화나게 할 수 있다.

예의 바르게 말하는 것을 배우는 것은 기술이다. 그것은 아이들이 예의 바르게 행동하는 것에 때때로 실수하는 이유다. 아이들은 예의 바르게 말하기 위해서 생각하고 연습할 필요가 있다.

아이들이 예의 바르게 행동하지 못했을 때 어른들이 도울 수 있다. 어른들은 무례한 말투나 단어를 들으면 차분하려고 애쓰면서 '예의 바르게 다시 말해.'라고 할 것이다. 이것은 아이들에게 다시 생각해서 차분한 목소리로 협조적으로 말할 기회를 준다.

어른이 내게 '예의 바르게 다시 말해.' 라고 하면, 나는 다시 생각해서 차분한 목소리로 협조적으로 말하려고 노력할 것이다. 이것은 우리가 같이 일하고 배울 때 모두의 감정을 안전하게 유지하게 도와줄 것이다.

이야기 #66

붐비는 사람들 사이를 지나갈 때 '실례합니다.' 라고 말하기

가끔 나는 붐비는 사람들 속의 한 명이 될 것이다. 붐빈다는 것은 많은 사람들이 한 공간을 같이 공유하고 있는 것이다. 가끔 한 무리의 사람들이 사용할 수 있는 공간을 나눠 쓰면서 서로 꼭 붙어 서 있어야만 한다. 이것은 한 사람이 다른 곳으로 갈 때 그 사이를 뚫고 지나가는 것을 어렵게 한다.

여기 한 예가 있다. 지난주에 한 인기 있는 영화가 극장에서 개봉했다. 아빠와 나는 그것을 보러 갔다. 우리는 이미 티켓을 끊었지만 팝콘을 사고 싶었다. 많은 사람들이 극장 문이 열리기를 로비에서 기다리고 있었다. 팝콘은 아빠와 내가 서 있는 로비 반대편에서 팔고 있었다. 그때가 내가 붐비는 사람 사이를 지나면서 어떻게 말할지 연습할 수 있는 좋은 기회였다.

나는 팝콘을 사려고 기다리는 줄을 향해 움직이기 시작했다. 그러고 나서 "실례합니다." 라고 말했다. 사람들이 옆으로 움직여 줘서 가끔 나는 "감사합니다."라고 말했다. 나는 계속 천천히 움직였다. 몇 발자국 갈 때마다 나는 계속 "실례합니다."라고 말해야 했다. 그럴 때마다 나는 영화 로비에서 너무 크지 않게 친근한 목소리로 말할 수 있었다. 미소를 약간 띠는 것도 도움이 된다.

내가 앞에 서고 아빠가 뒤에 선 채, 우리는 천

천히 몇 발자국씩 움직이면서 팝콘을 사는 줄에 다다랐다. 아빠는 내가 영화관에서 '실례합니다.'를 사용하는 것을 연습해서 자랑스럽다고 말씀하셨다. 나도 이것이 효과가 있는 것을 보니 자부심을 느꼈다!

이야기 #67

껌 씹는 법 배우기

나는 껌을 씹는 법에 대해 배우고 있다.

때때로 껌은 포장지에 싸여 있다. 이것은 껌을 깨끗하게 유지한다. 껌을 내 입에 넣기 전에 먼저 포장지를 벗기는 것이 중요하다.

껌을 다 씹으면 버린다. 나는 껌을 다 씹으면 그걸 쓰레기통에 넣을 수 있다.

우리 엄마, 아빠, 할아버지, 할머니와 같이 대부분의 사람들은 껌 씹는 법을 알고 있다. 내가 껌 씹는 것에 대해 질문하면 그들은 도와줄 수 있다.

이야기 #68

껌 씹는 데 중요한 세 가지 예절

껌은 씹을 때까지는 재미있을 수 있다. 껌 씹는 예절을 알면, 나도 껌을 씹지 않는 사람도 재미있다.

껌 씹는 데 중요한 세 가지 예절이 있다. 그 세 가지는 껌을 씹는 동안에 지저분해 보이지 않게 하기 때문에 중요하다. 또 껌 씹는 예절은 껌이 있을 곳에 있게 한다. 그런 식으로 지저분하지 않게 한다.

첫 번째, 껌은 씹기 위해 만들어졌다. 내가 버리기 전까지는 입 안에 껌을 갖고 있는 것이 좋은 생각이다. 가끔 사람들은 껌을 씹고, 꺼내고, 씹기를 계속 반복할 수 있다. 이것은 실수다. 그것은 건강하지 않은 생각이다. 그래서 나는 껌 씹기를 마칠 때까지 껌을 입에 넣어 두려고 애쓸 것이다.

두 번째, 입을 다문 채 껌을 씹는 것은 다른 사람에게 도움이 된다. 많은 사람들은 씹고 있는 껌을 보기를 원하지 않는다. 그것은 약간 지저분하기 때문이다. 이것이 사람들이 계속 입을 다문 채 껌을 씹는 이유다. 나는 껌을 씹을 때 다른 사람에게 어떻게 보이는지 생각하려고 애쓸 것이다. 나는 계속해서 입을 닫으려고 애쓸 것이다.

세 번째, 껌을 다 씹은 후에 사용하는 중요한 예절이다. 그것은 껌을 어떻게 버리는가에 관한 예절이다. 다 씹은 껌은 쓰레기통으로 가야 한다. 껌은 끈적끈적하다. 다른 곳에 남아 있으면 그것은 어디에라도 달라붙는다. 때때로 그것은 누군가의 신발에 붙는다. 어떨 때는 누군가의 옷에 붙는다. 껌이 다른 사람이나 다른 것에 붙지 않게 하려면 제대로 버리는 것이 중요하다.

만약 이 세상 모든 사람이 껌 씹는 데 중요한 세 가지 예절을 따르면 아무도 씹고 있는 껌을 보거나, 씹던 껌이 그들에게 달라붙어서 지저분하게 느끼지 않을 것이다. 나는 껌 씹는 데 중요한 세 가지 예절을 기억해서 지키려고 애쓸 것이다.

이야기 #69

껌을 다 씹고 해야 할 일

껌을 다 씹고 나면 버리기 전에 종이에 싸는 것이 가장 좋다.

때때로 사람들은 껌을 씹는 동안 주머니에 껌을 싸고 있던 종이를 보관한다. 그러다가 다 씹으면 버리기 전에 껌을 싸는 데 사용한다. 이것은 좋은 계획이다.

종이 조각이 없으면 종이에 싸지 않고 쓰레기통에 바로 버려도 괜찮다.

나는 껌을 다 씹으면 종이에 싸서 쓰레기통에 버리려고 애쓸 것이다.

이야기 #70
운이 따르는 게임

가끔 아이들은 보드게임이나 카드게임을 한다. 많은 아이들은 게임하는 것을 좋아한다. 나는 게임하는 것을 배우고 있는데, 게임할 때 차분히 자제력을 유지하는 것을 배우고 있다. 어떤 게임들은 운이 따른다.

운이 따르는 게임은 하는 사람이 이기거나 지기 위해 할 수 있는 것이 아무 것도 없다. 게임을 하는 사람은 운 때문에 이긴다.

캔디랜드라는 게임은 운에 따라 하는 게임이다. 아이들이나 어른들은 줄을 먼저 채우기 위해 카드를 골라서 캔디랜드를 얻는다. 사람들은 이기려고 정답을 생각하거나 무엇을 결정할 필요도 없다. 그들은 카드를 고르는 데 운이 따르면 이긴다.

많은 아이들은 운이 따르는 게임을 이기거나 졌을 때 차분히 있는 것을 배운다. 그러면 다른 사람들은 그들과 다시 게임을 하고 싶어 할 수도 있다!

때때로 나는 운이 따르는 게임을 할 수도 있다. 나는 때로 이길 수 있고, 질 수도 있다. 이기거나 지는 것은 내게 달려 있거나, 내가 게임하는 방법에 달려 있는 것이 아니다. 운에 달려 있다. 나는 운이 따르는 게임을 할 때는 차분하고 자제력을 잃지 않도록 애쓸 것이다.

이야기 #7

기술을 바탕으로 한 게임

많은 아이들은 게임하는 것을 좋아한다. 아이들은 보드게임이나 카드게임, 또는 팀 경기를 하는 것을 좋아할 수 있다. 나는 게임에 대해 배우고 있고, 게임에 대해 차분하고 자제력을 유지하는 것을 배우고 있다. 어떤 게임들은 기술을 바탕으로 한다.

기술을 바탕으로 하는 게임은 하는 사람들이 이기려고 최선의 노력을 다한다. 체스는 기술을 바탕으로 하는 게임이다. 올림픽 경기도 기술을 바탕으로 하는 게임이다. 선수들은 기술을 이용해서 이 경기에서 이긴다. 운도 도움이 될 수 있지만, 기술이 가장 중요하다.

많은 경우에 매우 영리하고 숙련된 선수들도 기술을 바탕으로 하는 게임에서 진다. 그들은 총명하고 차분하려고 애쓴다. 그들은 다음 경기에서 이길 수 있도록 실수를 통해 배운다.

팀 경기는 기술과 협동심을 바탕으로 한다. 운동선수들은 농구경기에서는 골을 넣거나 야구경기에서는 홈런을 치는 것과 같은 하나의 목적을 위해서 같이 노력한다.

때때로 나는 기술을 바탕으로 하는 게임을 할 수 있다. 나 혼자 하든지, 팀의 일부가 되어 하든지 나는 이기려고 애쓸 것이다. 때때로 질 수도 있다. 이기든 지든, 나는 차분하고 자제력을 잃지 않으려고 노력할 것이다.

이야기 #72

게임에서는 졌지만 친구를 얻는 법

아이들은 종종 게임을 한다. 때때로 나는 다른 사람들과 게임을 한다. 나는 게임에서 이길 수 있다. 어떤 때는 다른 사람이 이길 수도 있다. 이런 일은 사람들이 게임을 할 때 일어난다.

이기는 것은 종종 조절하기 쉬운 좋은 감정이다. 지는 것은 감정을 조절하기가 더 어렵다. 지는 법을 아는 것은 내가 친구 사이를 유지하는 데 도움을 줄 수 있다.

아이들은 게임을 할 때 안전하고 편안하게 느끼기를 좋아한다. 아이들은 갑자기 매우 화를 내는 누군가와 게임을 하면 약간 놀랄 수 있다. 그것은 매우 재미없다. 그것은 불편함을 준다. 이런 이유 때문에 감정을 잘 조절하는 것은 친구를 만들고, 유지하는 하나의 방법이다.

아이들은 자라면서 친구가 매우 중요하다. 그래서 그들은 게임에서 질 때 자신을 조절하기 위해서 무엇을 생각하고, 말하고, 행동해야 하는지를 배운다.

첫 번째, 여기에 게임에서 졌을 때 아이들이 자신을 통제하는 데 도움이 되는 몇 가지 생각들이 있다.

- '나는 다른 아이들이 다음에 나랑 다시 놀기 원해.'
- '그래, 나는 경기하면서 재미있었어.'
- '나는 다음번에 이길 수 있어.'

아이들은 자제력을 유지하기 위해 또 다른 것을 생각할 수도 있다.

두 번째, 아이들이 졌을 때 다음과 같이 말하는 것을 배운다.

- "네가 이겼어!"
- "좋은 경기였어!"
- "잘했어!"
- "이런, 나는 내가 이길 줄 알았는데."
- "다시 또 게임 하자."

또 다른 많은 친근한 말도 있다.

세 번째, 아이들은 게임에 지고도 친구를 얻으려면 무엇을 해야 하는지 배운다. 그들은 다음과 같이 해 볼 수 있다.

- 천천히 깊이 숨을 들이마신다.
- 다시 게임하자고 청한다.
- 이긴 사람에게 잘했다고 말한다.
- 또는 다른 무언가를 한다.

중요한 것은 자제력을 유지하는 것이다.

나는 게임에서는 졌지만 친구를 얻기 위해서는 무엇을 생각하고, 말하며, 행동해야 하는지 연습하려고 노력할 것이다.

이야기 #73

게임이 끝난 후에

많은 사람들은 게임을 하는 것을 즐긴다. 대체로 누군가 이겼을 때 게임은 끝난다. '내가 이겼다!'라는 것은 게임이 끝났다는 것을 의미한다.

게임은 재미있지만 끝나는 것도 좋다. 그러면 사람들은 가서 다른 일을 할 수 있다.

가끔 누가 이기는 것은 매우 좋다. 모두 약간 지루해하고 있다. 사람들은 게임이 끝났을 때 매우 기뻐한다. 마침내 그들은 가서 다른 일을 할 수 있다. 때때로 모든 사람은 누군가 이겨서 게임이 끝났을 때 매우 기뻐한다. 그것은 모두가 이긴 것과 같다!

다른 때는 게임이 정말로 재미있기도 하다. 갑자기 누가 이겼다. 게임이 끝났다. 그래도 괜찮다. 누군가 '다시 하자!'라고 말할 수 있다.

대체로 누가 이겼을 때 게임은 끝난다. 사람들은 가서 다른 일을 하거나 또다시 게임을 하는 데 자유롭다.

07

괴롭힘:

무엇을 생각하고, 말하며, 행동해야 하는가

이야기 #74

괴롭힘에 대한 소개

무엇을 생각하고, 말하며, 행동해야 하는가

이 장은 매우 중요한 장이다. 이 장의 이야기들은 아이들이 괴롭히면 어떻게 대응해야 하는지를 묘사한다. 이 장은 누가 나를 괴롭히려고 할 때, 무엇을 생각하고, 말하며, 행동해야 하는지 묘사한다. 어떤 정보를 알고 시작하는 것이 중요하다.

대부분의 학생들은 친절하다. 그들은 모든 학생이 학교에서 안전하고 편안하기를 바란다. 거의 대부분 친절한 학생은 친절한 말을 사용한다. 거의 대부분 친절한 학생들은 다른 사람들을 돕고 규칙을 지키려고 애쓴다. 때때로 이런 학생들도 서로서로 사회적 실수를 하기도 한다. 그들은 같이 나누는 것을 잊어버릴 수 있다. 때때로 친절한 학생들도 규칙을 따르지 않는다. 곧 그들은 잘못된 것을 바로잡고 싶어 한다. 어른들은 그들이 사회적 실수를 통해 배울 수 있도록 돕는다.

숫자적으로는 많지는 않지만, 남들을 괴롭히는 다른 학생들이 있다. 그들은 다른 사람의 몸, 물건, 감정, 또는 우정을 해치려고 한다. 이 학생들은 심각한 사회적 실수를 저지른다. 그들은 통제불능이다.

이 장은 내가 팀을 구성하는 데 도움을 준다. 나의 팀과 나는 다른 사람을 괴롭히는 학생들에 대해 배울 것이다. 나의 팀은 누가 나를 괴롭히려 할 때, 내가 무엇을 생각하고, 말하고, 행동해야 하는지 연습하도록 도울 것이다. 우리는 같이 배우고 연습해서 내가 학교에서 매일 안전하고 편안하도록 함께 노력할 것이다.

이야기 #75

괴롭힘이란 무엇인가

어떤 학생들은 다른 사람들을 괴롭혀서 불편하고, 두렵고, 슬프게 하려고 한다. 그들은 자기보다 몸집이 더 작거나 힘이 더 약한 학생들을 괴롭히려고 한다. 누가 나를 괴롭히려고 하는 걸 어떻게 알까? 누군가 이렇게 할 때는 괴롭히는 것일 수 있다.

- 불친절하고, 사실이 아니거나 두렵게 하는 무언가를 내게 말한다.
- 내 이름이 아니거나, 불쾌한 이름으로 나를 부른다.
- 불친절하고, 나를 두렵게 하는 문자(메시지)를 보낸다.
- 내 몸을 다치게 한다. 예를 들어, 때리고, 발을 걸고, 발로 차고, 몸으로 밀치거나, 손으로 민다.
- 다른 친구들에게 나랑 놀지 말라고 한다.
- 어른들이 내게 하라고 하지 않거나 하길 원하지 않는 것을 하라고 한다.

- 내게 돈을 달라고 말하고, 그것을 어른들에게는 말하지 말라고 한다.
- 이와 같거나 비슷한 실수를 여러 번, 계속해서 반복한다.

어떤 학생이 괴롭히는 또 다른 방법은 많다. 아무도 누가 다른 사람을 언제 괴롭힐지 정확히 예측할 수 없다. 아무도 누가 괴롭힐 때 무엇을 할지 정확히 예측할 수 없다. 우리가 아는 것은 괴롭히는 학생들은 통제 불능이라는 것이다.

누가 나를 괴롭힐 때, 무엇을 생각하고, 말하며, 행동해야 하는지 아는 것이 중요하다. 그래야만 나는 괴롭히려는 학생이 나에게 무엇을 하든지 간에 대처할 수 있다.

이야기 #76

어떤 학생들이 남을 괴롭히려고 하는가

괴롭히는 것을 구분하는 것은 매우 혼란스러울 수 있다. 더 많은 정보를 갖고 있으면 도움이 된다. 괴롭히는 학생이 남자일 수도 있고, 여자일 수도 있다. 괴롭히는 학생은 나보다 어리거나 나이가 많을 수도 있다. 괴롭히는 학생은 혼자일 수도 있고, 여러 명일 수도 있다. 괴롭히는 학생들은 다음과 같이 한다.

- 다른 학생들이 나를 비웃게 만들도록 한다.
- 어른을 화나거나 속상하게 하는 행동을 한다.
- 내가 잘못됐다고 알고 있거나 잘못됐다고 추측하는 행동을 한다.
- 불친절한 표정을 짓고 말을 한다.
- 친절한 표정을 짓지만 혼란스러운 말을 한다.

내가 괴롭힘에 대해서 혼란스럽거나 질문이 있을 때, 어른들한테 물어보는 것이 현명하다. 어른들도 수년 전에는 아이들이었다. 그들은 자기를 괴롭혔던 학생들을 기억한다. 어른들은 누가 나를 괴롭히려고 하는지 아닌지를 판단할 때 도움을 줄 수 있다.

이야기 #77

나의 팀

나는 괴롭힘에 대해 걱정을 하는 어른들을 알고 있다. 그들은 나의 팀에 속한다. 나의 팀은 우리 학교와 이웃이 안전하고 편안하도록 나와 함께 애쓸 것이다. 나는 그 팀에서 중요한 사람이다. 우리는 함께 활동한다. 나의 팀은 내가 이 장을 끝마치도록 도울 것이다. 다음에 있는 사진은 나와 나의 팀원이다. 나의 팀원들은 사진 밑에 그들의 이름을 적을 것이다. 서명도 할 수 있다.

나의 팀원들은 모든 학생에게 학교가 안전하고 편안한 장소가 되도록 많은 일을 하고 있다. 그들은 괴롭힘에 대응하는 새로운 방식을 공부하고 배우느라 바쁘다. 어른들조차도 새로운 기술을 배워야 한다. 이 장의 뒤쪽에 나의 팀원들은 그들이 배운 것의 목록을 쓸 것이다. 그들은 모든 학생을 위해 학교와 이웃을 편안하고 안전하게 지키기 위해 무엇을 하고 있는지에 대해서도 쓸 것이다.

이야기 #78

괴롭힘에 대응하는 것을 배우기

때때로 나의 팀원들이 주위에 없을 때 누군가 나를 괴롭히려고 할 수 있다. 때로는 어떤 학생이 나의 팀원이 가까이에 있지만 내가 괴롭힘당한다는 걸 눈치채지 못할 때 나를 괴롭힐 수 있다. 나는 괴롭히는 학생에게 대응하는 방식을 배울 수 있다. 나는 무엇을 생각하고, 말하며, 행동해야 하는지 배울 수 있다.

누가 다른 사람을 괴롭히려고 할 때 괴롭히려는 시도라고 부른다. 나의 팀원들과 함께 우리는 다음에서 괴롭히려는 시도에 대한 사진을 검토할 것이다. 우리는 같이 질문에 답하고 지시사항을 따르면서 차근차근 검토할 것이다.

지시사항과 질문

1. 왼쪽 사진을 보면, 누가 다른 사람을 괴롭히려고 하고 있다. 이 학생은 자제력을 잘 유지하고 있는가?

때때로 누군가 자제력을 잘 유지하지 못할 때 어른들은 그 학생이 자제심을 잃었다고 표현한다. 어떤 학생이 괴롭히려는 시도를 할 때, 그 또는 그녀는 자제력을 잃은 것이다.

2. 오른쪽의 학생은 괴롭힘의 대상이 되는 학생이다. 이 학생의 목적은 자제력을 잘 유지하면서 무엇을 생각하고, 말하고, 행동해야 하는지 아는 것이다. 한 사람만 자제력을 잃는 것이 더 나은가? 아니면 둘 다 자제력을 잃는 것이 더 나은가?

오른쪽의 학생은 괴롭힘에 대응하기 위해서 뛰어난 자제력을 유지하는 법을 배우고 있는 수백만의 학생들 중의 한 명이다. 괴롭힘 상황에 처했을 때 뛰어난 자제력을 유지하는 것을 배운다는 것은 다음과 같다.

1) 무엇을 생각할지 배우기
2) 무엇을 말할지 배우기
3) 무엇을 행동해야 하는지 배우기

나의 팀원과 함께 나는 이 장의 다음 페이지를 완성할 것이다. 우리는 괴롭히려는 시도에 맞서 무엇을 생각하고, 말하고, 행동해야 할지 쓰면서 이 사진을 완성시킬 것이다.

이야기 #79

괴롭히려는 시도에 맞서 해야 할 생각

괴롭히려는 시도에 맞서는 세 가지 단계가 있다.

1단계: 나를 괴롭히려는 사실에 대해 차분하게 생각하고 평화로운 장면 떠올리기

괴롭힘 사실에 대해 차분하게 생각하기

사실은 진실이다. 괴롭힘 사실에 대해 생각해 보는 것은 어떤 학생을 차분하게 있도록 도울 수 있다. 내가 괴롭힘을 당할 때, 괴롭힘 사실에 대해 생각해 보는 것은 내가 자제력을 잘 유지하는 데 도움이 된다. 괴롭힘 사실은 많다. 여기 세 가지 예가 있다.

- 내가 괴롭힘의 대상이라는 것은 나의 잘못이 아니다.
- 나를 괴롭히는 사람은 제정신이 아니다.
- 나만 괴롭힘을 당하는 건 아니다.

나는 선택권이 있다. 하나, 둘, 또는 이 세 가지 모두를 기억해서 다음에 있는 생각 풍선 안을 채울 수 있다.

차분히 생각하고 평화로운 장면 떠올리기

내가 괴롭힘을 당할 때, 평화로운 장면을 떠올리는 것은 내가 차분히 자제력을 잘 유지하는 데 도움이 될 수 있다. 나는 생각 풍선에 집어넣을 평화로운 그림을 고르거나 그려 넣을 수 있다.

나의 팀원들 중 한 명이 괴롭힘에 대응하는 1단계를 연습하는 데 도움을 줄 것이다.

1단계는 나를 괴롭히려는 사실에 대해 차분히 생각하고 평화로운 장면 떠올리기다.

이야기 #80

괴롭히려는 시도에 맞서 해야 할 말

괴롭히려는 시도에 맞서는 세 가지 단계가 있다.

1단계:

2단계: 한 문장을 제대로 말하기

무슨 말을 어떻게 할지 아는 것은 학생이 자제력을 잘 유지하는 데 도움이 된다.

무슨 말을 할까

다음에 세 가지 문장이 있다. 나는 이 중에 하나를 선택할 수 있다. 나는 내게 가장 잘 들어맞고 말하기 쉬운 한 가지 문장을 고르려고 애쓸 것이다. 이것을 말풍선 안에 적을 것이다. 나를 괴롭히려는 시도에 맞서 이 문장을 사용하려고 할 것이다.

- "나 듣고 있어."
- "나는 네가 그만했으면 좋겠어."
- "나 그거 좋아하지 않아. 그만해."

나는 선택권이 있다. 나는 한 문장을 선택해서 말풍선 안에 적을 수 있다.

내가 한 문장을 말할 때, 날 괴롭히는 아이는 계속해서 말할 수 있다. 이것은 상대가 자제력을 잃었을 때 일어날 수 있다. 나는 말 한마디를 제대로 했다. 나는 끝냈다. 갈 시간이다. 나를 괴롭히는 아이가 계속 말해도 무시하고 떠나는 것이 옳다. 이것은 실수하지 않고 자제력을 잘 유지하게 해 준다.

어떻게 말할까

나는 나 자신이 차분하게 있도록 돕기 위한 생각들과 평화로운 장면을 가지고 있다. 나는 그 문장을 말하면서 이렇게 하려고 노력할 것이다.

- 내 몸을 똑바로 유지한다.
- 고개를 꼿꼿이 세운 채 똑바로 선다.
- 단호하고 자제력 있는 말투를 사용한다.
- 안전 거리를 유지한다.
- 말 한마디를 하고 떠난다.

무슨 말을 어떻게 할지 아는 것은 훈련이 필요하다. 나의 팀원 중 한 명이 내가 훈련하도록 도와줄 수 있다. 2단계는 한 문장을 제대로 말하기다.

이야기 #81

괴롭히려는 시도에 맞서 해야 할 행동

괴롭히려는 시도에 맞서는 세 가지 단계가 있다.

1단계:

2단계:

3단계: 나의 팀원 중 한 명에게 괴롭히려는 시도에 대해 보고하기

왜 보고가 중요하고, 무엇을 보고하며, 어떻게 보고하고, 누구에게 보고해야 하는지 아는 것은 내가 자제력을 잘 유지하게 도와준다.

나는 '내 팀원 중 한 명에게 괴롭히려는 시도에 대해 보고한다.'라고 다음의 화살표 안에 적어 넣을 수 있다.

왜 괴롭히려는 시도에 대해 보고하는 것이 중요한가

보고하는 것은 사람들이 다른 곳에서 일어나는 중요한 사건에 대해 아는 방법이다. 누가 괴롭히려는 시도를 할 때 종종 어른들은 거기에 없다. 때때로 주변에 어른들이 있지만 괴롭히려는 것인지 알아차리지 못한다. 그래서 나의 팀과 나는 괴롭히려는 시도를 보고하는 계획을 세우려 한다. 그 계획에는 무엇을 보고해야 하는지, 보고서를 어떻게 만들 것인지, 누가 내 보고서를 받을 것인지 결정하는 것이 포함된다.

무엇을 보고할까

모든 학생이 괴롭힘에 관한 정보를 신문기자처럼 어른에게 보고하는 것을 주의 깊게 배우는 것이 중요하다. 올바른 보고서는 다음을 포함한다.

- 어디서 괴롭히려는 시도가 일어났는가?
- 언제 괴롭히려는 시도가 일어났는가?
- 누가 괴롭히려 했는가?
- 괴롭히면서 무슨 말을 했고, 무슨 행동을 했는가?

어떻게 보고할까

내 친구와 나는 즉각적이고, 사실적이며, 나의 팀원 모두가 잘 활동할 수 있도록 보고할 계획을 세울 것이다.

괴롭히려는 시도가 일어난 후 즉시 보고하는 것이 가장 좋다. 왜냐하면 이렇게 하는 것이 괴롭히려는 시도를 설명하는 데 필요한 사실을 기억하는 가장 쉬운 방법이기 때문이다. 이것은 매우 중요하다.

괴롭히려는 시도를 사실적으로 보고하는 것이 가장 좋다. 사실적인 보고는 괴롭히려는 시도가 어디에서, 언제, 누가, 무엇을 말하고 행했는지를 묘사하는 문장으로 이루어진다. 괴롭힘을 당하면 즉시 그 자리를 떠나서 곧바로 팀원 중 한 명에게 사실적인 보고를 하려고 애쓴다.

그 계획의 첫 번째 부분은 팀에게 괴롭히려는 시도를 어떻게 보고할지를 결정하는 것이다. 어떤 학생들은 괴롭히려는 시도를 보고하기 위해 팀원 중 한 명과 이야기를 한다. 어떤 학생들은 팀원 중 한 명에게 보고하기 위해 글을 쓴다. 어떤 학생들은 보고서 양식을 이용해서 괴롭히려는 시도를 보고한다. 모든 팀은 각각 최고의 계획을 가지고 있다. 나의 팀과 나는 다음 계획의 빈칸을 기입할 것이다. 이것이 우리 계획의 첫 번째 부분을 완성시킨다.

우리 계획의 두 번째 부분은 누가 내 보고를 받는가를 결정하는 것이다. 나의 팀의 어른 팀원 모두는 내가 언제 보고해야 할지를 도와주는 방법을 알고 있다. 때때로 나의 팀의 한 팀원이 아프거나 다른 곳에 있을 수 있다. 그래도 괜찮다. 팀에는 다른 팀원들이 있다. 나는 차례대로 그들을 목록에 기입할 것이다. 나는 목록 맨 처음에 있는 팀원에게 보고를 하려고 애쓸 것이다. 그 사람이 가까이에 없으면 목록의 그다음 팀원에게 보고할 것이다. 그런 식으로 반복할 것이다. 나의 팀 누군가에게 보고하는 것이 중요하다.

괴롭힘을 당한 사건을 보고하기 위한 내 팀의 계획

나는 다음을 하려고 애쓸 것이다.

1. 즉각적으로 괴롭히려는 시도를 보고한다.
2. 괴롭히려는 시도를 보고하기 위해서 사실대로 쓴다.
3. 누가 괴롭히려는 시도를 했는지 보고한다.

어른 팀원들은 다음을 하려고 애쓸 것이다.

1. 즉시 내 보고를 듣거나 읽는다.
2. 필요하다면 사실을 명확히 알고자 한다.
3. 도움을 주는 행동을 한다.

____

____

나는 다음의 사람에게 보고를 할 것이다.

나는 (1.   )에게 보고할 것이다.

(1.   )이 가까이에 없으면 나는 (2.   )에게 보고할 것이다.

(2.   )이 가까이에 없으면 나는 (3.   )에게 보고할 것이다.

이야기 #82

괴롭히려는 시도에 맞서기 위해 나의 팀이 배운 것

나의 팀원들에 의한 사실적인 보고서

____

____

팀원들이 여기에 서명한다.

이 부분은 어른 팀원들에 의해 완성되었다.

나의 팀은 괴롭히려는 시도에 어떻게 맞서는지에 대해 많이 배웠다. 예를 들어, 나의 팀의 어른 팀원들은 다음과 같은 것을 배웠다.

1. ____
2. ____
3. ____

나의 팀은 모든 학생을 위해 우리 학교와 이웃을 안전하고 편안하게 유지하려고 애쓰고 있다. 그들은 다음과 같이 애쓴다.

1. ____
2. ____
3. ____

이 부분은 (   )에 의해 완성되었다.

나의 팀은 괴롭히려는 시도에 어떻게 맞서는지에 대해 많은 것을 배웠다. 나는 괴롭히려는 시도에 맞서는 세 가지 단계에 대해 배웠다.

1단계: ____________________

2단계: ____________________

3단계: ____________________

나의 팀과 나는 괴롭히려는 시도에 맞서는 세 가지 단계에 대해 배웠다. 이제 우리는 〈이야기 #78〉에 있는 세 가지 말풍선을 같이 채울 수 있다.

사람들은 전 세계적으로 괴롭힘에 대해 배우고 있다. 어떤 사람은 이 책을 완성시키고 연습하면서 배운다. 모든 사람은 함께 협력하면서 배운다. 나의 팀이 배운 것을 보라. 우리는 같이 계속해서 연습할 것이다.

08

어른들을 이해하기

이야기 #83
어른들은 계속 자라는 아이들이다

많은 아이들은 자라면서 어른에 대해 배우게 된다. 나는 아이다. 나는 어른들에 대해 배우고 있다. 어른들을 이해하는 것은 그들과 같이 일하고 노는 것을 쉽게 해 줄 수 있다.

어른들은 나이가 더 많은 사람들이다. 그들도 오래전에는 어린아이였다. 그들도 오래 살지 않았더라면 아직 어린아이일 것이다. 그들도 어쩔 수 없다. 그들 자신이 어른이 되는 것을 결정한 것이 아니다. 그것은 그들이 한 선택이 아니다. 그들은 단지 계속 나이를 먹은 것뿐이다.

때때로 어른들은 정말 정말 나이가 많은 어린아이라는 것을 생각하면 도움이 된다. 아이들은 재미있게 지내고 싶어 한다. 어른들도 마찬가지다. 아이들은 좋아하는 음식을 먹고 싶어 한다. (과자는 음식이 아닐 수도 있다.) 어른들도 마찬가지다. 아이들은 묘기를 좋아한다. 어른들도 마찬가지다. 아이들에게는 감정이 있다. 어른들도 마찬가지다. 어른들은 아주 나이가 많은 어린아이라고 생각을 하면, 어른들도 한때는 나처럼 어린아이였다고 생각하는 데 도움이 될 수 있다. 내가 그들도 한때 어린아이였다는 것을 기억하면 어른들과 이야기하기가 훨씬 쉬워질 수 있다.

언젠가 나도 어른이 될 것이다. 내가 어른이 될 차례가 오고 있다—그것은 매일 가까워진다. 그때까지 나는 어른들도 한때는 어린아이였다는 것을 기억하려고 애쓸 것이다. 이것은 내가 어른들을 이해하기 더 쉽게 해 줄 것이다.

이야기 #84

어른들을 존경하는 것 배우기

어른들은 내가 태어나기 전부터 살았다. 그들이 태어난 날짜는 내 생일보다 앞서 있다.

어른들은 어른들이라는 것을 이해하는 것이 아이들에게는 중요하다. 어른들은 오랫동안 살아왔다. 어른들은 더 많이 책을 읽고, 더 많이 공부하고, 더 많이 배워 왔다. 이런 이유로 어른들이 대부분의 결정을 내린다. 그것이 지구 별에서의 삶이다.

때때로 아이들은 어른들이 내리는 결정을 자기들이 할 수 있기를 원한다. 어른들도 한때는 그것을 바랐던 어린아이였다. 이제 그들은 어른이기 때문에 결정을 내리는 게 얼마나 어려운지 알고 있다. 그것을 이해하면 아이들이 어른들을 존경하고 그들이 내린 결정을 존중하는 게 훨씬 쉬워진다.

나는 아이다. 나는 어른들에 대해 배우고 있다. 어른들은 오래 살았다. 그들은 많은 경험을 했다. 그들은 많이 안다. 나는 어른들을 존경하고 그들이 내린 결정을 존중할 것이다.

이야기 #85

어른들은 모든 것을 알고 있을까

아이들에게 어른들은 모든 것을 알고 있는 것처럼 보일 수 있다. 어른들은 아침에 어떻게 준비하는지 알고 있다. 어른들은 어떻게 운전하는지 알고 있다. 어른들은 책을 찾아보지 않거나, 인터넷을 찾아보지 않고도 매일 잘 지낼 만큼 충분히 잘 알고 있다.

아이들에게 어른들은 항상 무엇을 할지 아는 것처럼 보인다. 사실은 때때로 어른들도 혼란스럽다. 그들은 운전할 때 길을 잘못 들어서거나, 엘런한테 '에이블린, 안녕!'이라고 할 수 있다. 그들에게 문제가 있지만 해결방법을 모를 수 있다. 대체로 그래도 괜찮다. 모든 사람이 때로는 혼란을 겪는다.

어른들도 모두 알지는 못한다. 대부분의 어른들은 필요한 정보를 어디서 찾아야 하는지 알고 있다. 그들은 어디에서 도움을 구할지 알고 있다. 어디에서 정보를 얻고, 도움을 어떻게 구하는지 아는 데는 연습이 필요하다. 어떤 어른들은 다른 사람보다 그것을 더 잘 안다.

때때로 어른들은 모든 것을 아는 것처럼 보일 수 있다. 사실 어른들도 모든 것을 알지 못한다. 그래도 괜찮다.

이야기 #86

왜 엄마, 아빠는 아이를 키우는가

엄마, 아빠는 그것을 하도록 잘 준비되어 있기 때문에 아이들을 키운다. 이 경우에 잘 준비되어 있다는 말은 그들이 임무를 마치는 데 필요한 것을 가지고 있다는 것을 의미한다.

아기를 돌보는 데는 알아야 할 것이 많다. 엄마, 아빠는 어떻게 아기를 안전하게 보살피고, 먹이고, 기저귀와 옷을 갈아입히는지 알고 있다. 또 언제 낮잠을 재워야 하는지도 알고 있다. 엄마, 아빠는 아기를 돌보는 법을 알고 있다.

어린아이를 돌보는 데 알아야 할 것은 아주 많다. 엄마, 아빠는 어린아이를 안전하게 보살피고, 먹이며, 화장실과 욕조의 사용법을 가르치는 방법을 알고 있다. 엄마, 아빠는 언제 '예.' '아니요.'를 말하는지 알고 있다. 그들은 자기 전에 책을 읽어 주는 방법도 알고 있다. 엄마, 아빠는 어린아이를 돌보는 방법을 알고 있다.

청소년을 돌보는 데는 알아야 할 것이 많다. 엄마, 아빠는 청소년을 안전하게 지키고, 그들이 학교와 다른 활동을 하게 돕는 방법을 알고 있다. 엄마, 아빠는 무엇은 괜찮고, 무엇은 안 되는지 결정할 만큼 충분히 잘 알고 있다. 엄마, 아빠는 청소년을 돌보는 방법을 알고 있다.

엄마, 아빠는 자녀들을 많이 사랑한다. 사랑은 자녀를 키우는 데 매우 매우 중요하다.

할아버지, 할머니도 아이들에 대해 많은 것을 안다. 예전에 그들은 지금의 엄마, 아빠를 키웠다. 그들은 아이들을 사랑하는 법과 키우는 법을 알고 있다. 그렇지만 할머니, 할아버지는 더 나이가 드셨기 때문에 곧 피곤해하실 수 있다. 때때로 할머니, 할아버지는 기력이 다 소진된다. 기력은 무슨 일을 계속할 에너지와 힘이다. 보통 부모가 할머니, 할아버지보다 더 기력이 있다.

엄마, 아빠는 그것을 하도록 잘 준비되어 있기 때문에 아이들을 키운다. 이 경우에 잘 준비되어 있다는 말은 그들이 임무를 마치는 데 필요한 것을 가지고 있다는 것을 의미한다.

이야기 #87

어른들은 큰 결정을 많이 내린다

어른들은 큰 결정을 많이 내린다. 어떤 사람들은 남을 위해 내리는 결정이 가장 큰 결정이라고 생각한다. 엄마, 아빠는 어른이다. 그들은 자녀들을 위해 많은 결정을 내린다. 선생님도 어른이다. 선생님은 학생들을 위해 많은 결정을 내린다.

아이들은 자라면서 스스로 더 많은 결정을 내린다. 아기들은 결정을 내리지 못한다. 아장아장 걷기 시작하면 몇 가지 결정을 내릴 수 있다. 취학 전 아동들은 몇 가지 결정을 내린다. 그런 식으로 계속해서 십대들은 어렸을 때보다는 더 많은 결정을 내린다. 그렇지만 어른들만큼은 아니다.

어른들은 매일 큰 결정을 많이 내린다. 어른들은 자녀들이 언제 간식이나 사탕을 먹어도 되는지 결정한다. 어른들은 자녀들이 숙제를 다 하기 전에 컴퓨터 게임을 해도 좋은지 아닌지 결정한다. 선생님들은 학생들이 배우는 데 가장 좋은 방식을 결정한다. 어른들이 내리는 큰 결정의 목록은 아주 아주 길다.

아이들은 의사결정을 하는 데 도움을 줄 수 있다. 때때로 어른들이 생각하는 동안 조용히 있는 것은 도움이 된다. 가끔 어른들은 결정을 내리기 전에 아이들에게 묻기도 한다. 예를 들면, 부모가 아이들에게 휴가를 어디로 가고 싶은지 물을 수도 있다. 어른이 큰 결정을 내릴 때 아이들이 그것을 존중해 주면 아주 도움이 된다.

매일 어른들은 다른 사람을 위해 큰 결정을 많이 내린다. 아이들은 도움을 줄 수 있다.

이야기 #88

재미없어도 해야만 한다

나는 책임감에 대해 배우는 중이다. 책임감은 재미가 없지만 해야만 하는 일을 끝마치는 것이다.

재미있는 일들이 있다. 많은 사람들은 영화 보는 것이 재미있다고 생각한다. 목록 A는 재미있는 활동 세 가지와 내가 그것을 왜 좋아하는지에 관한 것이다. 어른이 도와줄 수 있다.

목록 A: 재미있는 활동

1. ______________________

나는 이 활동을 좋아한다. 왜냐하면 ______________________

2. ______________________

나는 이 활동을 좋아한다. 왜냐하면 ______________________

3. ______________________

나는 이 활동을 좋아한다. 왜냐하면 ______________________

재미없지만 꼭 해야만 하는 일들이 있다. 많은 사람들은 쓰레기를 내다 버리는 것이 재미없다고 생각한다. 하지만 그것은 꼭 해야만 한다. 그렇지 않으면 집에서 쓰레기 냄새가 진동할 것이다. 목록 B는 재미없는 일 세 가지와 해야만 하는 이유에 관한 것이다.

목록 B: 재미없지만 해야만 하는 일

1. ______________________________

이것을 해야만 한다. 왜냐하면 ______________________________

2. ______________________________

이것을 해야만 한다. 왜냐하면 ______________________________

3. ______________________________

이것을 해야만 한다. 왜냐하면 ______________________________

때때로 부모는 목록 A에서 활동을 고르기 전에 목록 B에서 아이들이 마쳐야 할 일을 결정한다. 이것은 어른들이 내리는 결정이다. 이것은 아이들에게 **책임감**을 가르치는 것이라고 불리기도 한다.

나는 책임지는 것을 배우는 중이다. 어른들이 해야만 할 일을 결정하면, 나는 목록 A에 있는 활동을 하기 전에 그것을 마치려고 애쓸 것이다.

이야기 #89

재미있지만 이제 그만해야 한다

어른들이 아이들과 같이 재미있는 놀이를 할 때가 있다. 또 아이들끼리만 하는 재미있는 일을 찾을 때도 있다.

모든 재미있는 일에는 끝이 있다. 어른들은 재미있는 일을 끝내는 데 익숙하다. 어른들은 아이들보다 이런 일을 자주 겪는다. 아이들도 조금씩 재미있는 일을 끝내는 것을 배운다.

언제 재미있는 놀이를 끝내야 하는지 아는 것은 도움이 된다. 어른들이 '몇 분 있다가 장난감을 다 치워야 해.'라고 말할 수 있다. 이 말은 놀이시간이 지금 바로는 아니지만 곧 끝난다는 것이다.

몇 분이 지났다. 그러면 어른이 '재미있었지만 이제는 그만 놀아야 해.'라고 말할 수 있다. 이것은 특별한 말이다. 그 말의 뜻은 재미있는 놀이가 지금 끝난다는 말이다. 물건들을 치울 시간이다. 다른 활동이나 다른 일을 할 시간이다.

때때로 아이들은 '다음번에 또 놀 수 있을 거야.'라고 생각한다. 이렇게 생각하면 차분하고 협조적으로 되는 데 도움이 된다. 그들의 생각이 맞다. 다음번에 또 재미있게 놀 수 있다.

나는 '재미있었지만 이제 그만 놀아야 돼.'라는 특별한 말을 들으면 다음번에 놀 즐거움을 생각하려고 애쓴다. 나는 재미있는 놀이가 끝날 때 차분하고 협조적이려고 노력할 것이다.

이야기 #90

허락

아이들은 많은 생각을 가지고 있다. 그들은 하고 싶은 일들에 관한 생각이 있다. 아이들의 생각에 대해 어른들이 결정을 내려야 할 수도 있다. 이럴 때 아이들은 허락을 받아야 한다.

허락은 어른이 아이에게 하는 것이다. 그것은 장난감이나 초콜릿 같은 것이 아니다. 허락은 생각에 대해 해도 된다는 승낙이다. 때때로 아이들은 필요한 허락을 받지만 어떨 때는 허락을 받지 못한다.

여기 두 가지 예가 있다.

안토니는 한 가지 생각이 있다. 그는 햄스터 제스퍼를 밖에 데려가고 싶다. 안토니의 생각은 엄마의 허락이 필요하다. 그래서 안토니는 엄마에게 "밖에 제스퍼를 데리고 가도 될까요?"라고 묻는다. "지금 당장은 안 돼."라고 엄마가 말한다. 지금 당장은 안 된다는 뜻은 지금은 아니다라는 것이다. 햄스터 제스퍼는 집 안에 있어야 한다.

브루클린은 꽃을 꺾고 싶었다. 그녀는 아빠에게 "내가 정원에서 꽃 하나를 꺾어도 될까요?"라고 물었다. 아빠가 "그래."라고 말했다. 이 말의 뜻은 브루클린이 꽃 한 송이를 꺾어도 된다는 뜻이다. 한 송이보다 더 꺾으면 문제가 될 수 있다. 왜냐하면 브루클린은 아빠에게 꽃 한 송이만 꺾어도 된다고 허락을 받았기 때문이다.

때때로 아이들이 허락을 구할 때 답은 '안 돼.'다. 어떨 때는 아이들이 허락을 구할 때 답은 '해도 돼.'다.

아이들에게 어떤 생각이 있을 때 허락이 필요하다. 결정을 내리는 것은 어른의 몫이다. 때때로 아이들은 필요한 허락을 받지만, 어떨 때는 못 받는다. 허락을 받든 못 받든 그것이 지구 별에서의 삶이다!

이야기 #91

많은 어른들은 '그래.' 라고 말하길 좋아한다

아이들은 많은 생각을 가지고 있다. 그들은 하고 싶은 일들에 관한 생각이 있다. 아이들의 생각에 대해 어른들이 결정을 내려야 할 수도 있다. 이럴 때 아이들은 허락을 받아야 한다.

아이들은 대부분의 어른들이 할 수만 있으면 '그래.'라고 말하고 싶어 한다는 것을 알면 놀랄 수 있다. 많은 어른들에게 있어 아이들에게 허락하며 '그래.'라고 말하는 것은 즐거움이다. 확실히 '안 돼.'라고 말하는 것보다 더 재미있다. 오래전에 어른들도 아이였을 때 그들도 허락을 받아야만 했다. 그들은 어른들이 '그래.'라고 말하면 얼마나 좋았었는지를 기억한다. 어른들도 지금 자신들이 '그래.'라고 말해서 아이들을 즐겁게 하고 싶어 한다.

여전히 어른들은 '안 돼.'라고 결정할 수 있다. 결정은 어른의 몫이다. 그들은 '그래.'라고 말하고 싶을 수 있지만, 어른이다. 어른들은 많은 것을 배웠다. 할 수 있는 한 생각해서 최선의 결정을 내리는 것이 어른의 할 일이다. 이 때문에 어른들은 '안 돼.'라고 말하는 것이다.

아이들은 생각이 많다. 그 생각들의 일부는 반드시 허락이 필요하다. 많은 어른들에게 있어 '그래.'라고 허락하는 것은 즐거운 일이다. 그렇지만 어른들이기 때문에 최선의 결정을 내려야 한다. 가끔 최선의 결정은 '그래.'가 아니고 '안 돼.'다.

이야기 #92

'그래.' 라고 말하는 세 가지 방법

아이들은 많은 생각을 가지고 있다. 그들은 하고 싶은 일들에 관한 생각이 있다. 아이들의 생각에 대해 어른들이 결정을 내려야 할 수도 있다. 이럴 때 아이들은 허락을 받아야 한다.

어른이 '그래.'라고 말하지 않고 허락할 수도 있다. 이것이 아이들에게는 약간 혼란스러울 수 있다.

때때로 어른이 '물론이지!'라고 말할 것이다. **물론이지**는 당연히 허락이다. 그 어른은 허락을 해 줘도 되는 것이라고 매우 확신한다. 그 어른은 허락을 하는 데 자신감에 차 있다. 이 경우에는 '그래.'라고 허락할 필요가 없다. 여기 한 예가 있다.

제이크: "아빠, 지금 숙제할까요?"
아빠: "물론이지!"

어떤 때는 어른이 '괜찮아.'라고 말할 것이다. 괜찮아는 그래라는 뜻이다. 이번엔 그래이지만 항상은 아니다라는 의미일 수도 있다. 그 어른은 허락하는 데 편안함을 느끼고 있다. 여기 한 예가 있다.

제이크: "아빠, 앤드류랑 같이 숙제해도 될까요?"
아빠: "괜찮아."

어른들이 자주 그래라고 말하는 다른 방식은 '괜찮다고 생각해.' 또는 '나는 그것이 괜찮다고 생각해.'다. 이 말은 그래 라는 뜻이지만 안 될 이유 또한 없다는 뜻이다. 그 어른은 허락하는 데 약간 불편함을 느끼고 있다. 이 때문에 어른이 '괜찮다고 생각해.'라고 말할 때 아이는 빨리 행동하는 게 좋다.

제이크: "숙제 시작하기 전에 텔레비전 프로그램 한 개만 봐도 될까요?"
아빠: "괜찮다고 생각해."

아이들이 생각나는 게 있어서 허락을 받을 때 어른들이 그래라고 말할 수 있다. 어른들이 그래라고 말하는 방식이 약간 혼란스러울 수도 있다. 어른들이 '물론이지.' '괜찮아.' 또는 '괜찮다고 생각해.'라고 말할 때 무슨 뜻인지를 알면 도움이 될 수 있다. 그것은 또한 어른들이 무엇을 생각하고 느끼는지에 대한 단서를 준다.

이야기 #93

'안 돼.' 라고 말할 때: 아이들에게 희망을 주는 이야기

나는 생각나는 게 많다. 내가 하고 싶은 일들이 생각난다. 내 생각대로 하기 위해서는 어른들의 허락이 필요할 수도 있다. 이럴 때는 내가 허락을 받으려고 애쓰는 것이 중요하다. 때때로 어른이 '안 돼.'라고 말할 것이다. 안 돼라는 답을 들어도 희망이 있을 수 있다.

때때로 어른들이 '안 돼.'라고 말할 때, 지금 그걸 하기에는 나는 너무 피곤하다를 의미할 수 있다. 그러면 희망이 있다! 아마 내일은 괜찮을 것이다.

때때로 어른들이 '안 돼.'라고 말할 때, 그것은 안전하지 않아를 뜻하기도 한다. 그러면 희망이 있다! 아마도 나를 위해 그것을 더 안전하게 바꿀 수도 있다.

때때로 어른들이 '안 돼.'라고 말할 때, 다음번에는 허락해 줄게를 의미할 수도 있다. 그러면 희망이 있다! 다음번은 거의 항상 온다.

때때로 어른들이 '안 돼.'라고 말할 때, 우리는 그걸 살 충분한 돈이 없어를 의미할 수도 있다. 그러면 희망이 있다! 우리는 언젠가 그것을 사기 위해 돈을 모을 수 있다.

때때로 어른들이 '안 돼.'라고 말할 때, 그것을 절대 허락하지 않겠어를 의미할 수 있다. 그래도 희망이 있다! 세상에는 다른 할 일도 많다.

어른들이 '안 돼.'라고 말해야만 할 때, 아이들이 얌전히 있으려고 애쓰면 어른들은 정말 좋아한다. 그런 식으로 허락은 못 받았지만 다른 것은 여전히 아무 문제가 없다. 어른들은 다른 생각에는 허락을 해 줄 수 있다.

나는 생각나는 게 많다. 때때로 어른의 답변은 '안 돼.'일 것이다. 나는 그래도 희망은 있어라고 차분하게 생각하고 노력할 것이다.

09

집과 지역사회

이야기 #94

새 집으로 이사하기

우리 가족은 새 집으로 이사할 것이다. 다음은 크게 3단계로 된 우리의 이사 계획이다.

- 가구를 싸고, 다른 것들은 박스에 넣는다.
- 가구와 박스를 새 집으로 옮긴다.
- 가구와 다른 것들을 새 집으로 들여놓는다.

나는 새 집으로 이사 갈 것이다. 나는 내 장난감과 물건들의 일부를 포장할 수 있다. 다음은 3단계로 된 나의 이사 계획이다.

- 짐 싸기–우리는 내 장난감과 다른 물건들 대부분을 박스에 넣을 것이다.
- 옮기기–우리는 그 박스들을 새 집으로 옮길 것이다.
- 짐 풀기–우리는 내 장난감과 물건들을 새 집에 놓을 것이다.

이사 계획을 세우는 것은 즐겁다. 나와 가족은 새 집으로 이사 가기 위해 계획을 세운다.

이야기 #95

새 동네로 이사 가기

내 이름은 메이슨이다. 나는 코넥티컷 주 셸턴에 산다. 아빠가 사우스 다코다 주 가렛슨에서 새 직업을 얻었다. 우리 가족은 가렛슨에 있는 새 집으로 이사 갈 것이다.

나는 사우스 다코다 주 가렛슨에 가 본 적이 없다. 우리 엄마, 아빠는 가렛슨에 두 번 다녀왔다. 그들은 처음엔 새 집을 알아보려고 갔다. 두 번째는 새 집을 사러 갔다. 엄마, 아빠가 사진을 많이 찍어 왔다. 그 사진들은 내 책에 **가렛슨으로 이사 가기**에 들어 있다.

가렛슨에서 우리는 여기서 하듯 많은 심부름과 활동들을 할 것이다. 우리는 사우스 다코다 주 가렛슨과 그 주변에서 그렇게 할 것이다.

나는 지금 라피엣 초등학교에 다닌다. 가렛슨에서는 가렛슨 초등학교에 다닐 것이다. 내 책에는 이 두 학교의 사진이 다 있다.

나는 리치와 벤 미장원에서 머리카락을 자른다. 가렛슨에서는 브랜든 플라자 이발관에서 머리를 자를 것이다. 내 책에 이 두 곳의 사진도 있다.

우리 가족은 비치우드 슈퍼마켓에서 식용품을 산다. 가렛슨에서는 가렛슨 식품센터에서 식용품을 살 수 있다. 이 두 곳의 사진도 내 책에 있다.

내 이름은 메이슨이다. 나는 곧 사우스 다코다 주 가렛슨에서 살 것이다. 그곳에서 학교를 다니고, 머리를 자를 것이다. 가렛슨은 내가 살 새 동네다.

이야기 #96

플레처 가족 중 누가 무엇을 알까

플레처는 아는 것이 많다. 그는 공룡에 대해서 많이 알고 있다. 가족에 대해서도 많이 알고 있다. 플레처의 아빠는 집을 짓는 일을 하신다. 플레처의 엄마는 치과 의사다. 플레처의 누나는 매일 일기를 쓴다.

플레처의 가족 중 누군가 차고 짓는 법을 알고 있다. 누구일까요?

플레처의 가족 중 누군가 충치에 대해 많이 알고 있다. 누구일까요?

플레처의 가족 중 누군가 엠마의 일기장 열쇠가 어디 있는지 알고 있다. 누구일까요?

플레처는 그의 가족이 무엇을 하는지에 대해 많이 알고 있다. 그것이 누가 무엇을 알고 있는지 추측하는 데 단서가 된다!

이야기 #97

내 손 씻기

때때로 내 손이 더러워진다. 내 손은 종일 세균이 있는 것들을 만진다. 내 손은 문의 손잡이, 연필, 그리고 세균이 있는 다른 많은 것들을 만진다. 나는 손에 있는 세균을 보거나 느낄 수 없다. 왜냐하면 세균은 매우 매우 작기 때문이다. 보지 못해도 세균들을 씻어 버릴 수 있다. 비누와 물을 이용해 손을 씻으면 세균을 죽이는 데 도움이 된다.

손을 씻을 때 사람들이 따라야 할 단계들이다.

- 싱크대로 간다.
- 물을 튼다.
- 손에 물을 적신다.
- 손에 비누칠을 한다.
- 양손을 비빈다.
- 물로 손을 헹군다.
- 물을 잠근다.
- 손에 묻은 물기를 닦는다.

손을 씻는 것은 건강한 습관이다. 나는 손을 씻을 때 이 단계들을 따르려고 애쓸 것이다.

이야기 #98

사람들이 목욕이나 샤워를 해야 하는 이유

사람들은 목욕이나 샤워를 한다. 사람들은 기원전 3300년 이후로 목욕을 해 왔다. 로마 황제시대에는 매일 목욕을 하는 의식으로 하루를 시작했다. 사람들이 왜 목욕이나 샤워를 하는지 이해하는 것은 내가 목욕이나 샤워를 하는 것을 쉽게 해 줄 수 있다.

역사에는 욕조와 목욕에 관한 많은 이야기들이 있다. 고대 그리스의 발명가 아르키메데스는 욕조에 들어갔을 때, 물의 높이가 올라간다는 것을 알았다. 그는 욕조에서 떨어지는 물의 양으로 물건의 크기를 재기 시작했다. 이것은 재미있는 이야기이지만, 동시에 욕조를 이용하는 독특한 이유도 될 수 있다. 역사를 통해 보면 사람들은 몸을 깨끗이 하려고 목욕이나 샤워를 해 왔다. 왜 그랬을까?

사람들은 몸을 깨끗이 하거나, 기분을 좋게 하거나, 몸의 향기를 좋게 하려고 목욕을 한다. 몸을 깨끗이 하고, 더러움과 세균을 씻어 내는 것은 건강한 습관이다. 많은 사람들에게 더러운 것은 약간 불편하고, 심지어는 약간 가렵기도 하다. 때때로 더러운 사람들에게서 고약한 냄새가 난다. 목욕이나 샤워는 사람들의 피부를 다시 편하게 느끼게 하고 더 좋은 냄새도 나게 해 준다.

사람들은 다른 사람 때문에 목욕을 하기도 한다. 사람들은 다른 사람들이 생각하는 것에 대해 신경을 쓰기도 한다. 많은 사람들이 깨끗한 것은 편하다고 생각하기 때문에 더럽거나 냄새 나는 사람이 가까이 있으면 불편할 수 있다. 많은 사람들은 더러운 사람 주위에 오래 있고 싶어 하지 않는다. 그리고 더럽거나 냄새가 나는 사람과 친구가 되고 싶어 하지 않을 수 있다. 그래서 사람들은 다른 사람들이 편하게 느끼도록 목욕이나 샤워를 한다.

사람들은 역사를 통해서 내내 목욕을 해 왔다. 나는 역사의 일부다. 역사에 나의 흔적을 남기면서 목욕이나 샤워를 해서 나는 더 편해질 수 있다—다른 사람들도 더 편해질 것이다.

이야기 #99

샤워하는 10단계

많은 사람들은 깨끗해지려고 샤워를 한다. 종종 사람들은 '나 샤워할 거야.'라고 말한다. 이 말의 뜻은 난 샤워기를 이용할 것이다다. 나는 곧 샤워하는 것을 배울 것이다.

많은 사람들은 집에서 샤워할 때 따르는 단계들이 있다. 그것은 무엇을 하고, 왜 하는지에 관한 목록이다.

샤워하는 10단계

- 욕실로 가서 문을 닫는다. 문을 닫으면 샤워하는 게 공개되지 않는다.
- 옷을 벗는다. 이것은 옷이 물에 젖지 않게 한다.
- 물을 켜고 온도를 적당하게 맞춘다. 물이 너무 뜨겁거나 차가우면 샤워가 불편하다. (힌트: 어떤 사람들은 욕조의 수도꼭지를 이용해서 물의 온도를 맞춘다. 그러고 나서 물이 샤워기를 통해 흐르게 한다.)
- 물이 샤워기를 통해 나오는지 확인한다.
- 조심해서 샤워기 밑으로 발을 내딛는다. 젖은 바닥은 미끄러울 수 있다.
- 머리에 물을 적시고 샴푸를 바른 후 헹궈 낸다. 린스를 바르고 헹궈 낸다. 샴푸는 머리카락을 씻기 위해 만들어진 비누다. 린스는 빗질과 머리 손질을 편하게 하기 위해 만들어졌다. 샴푸와 린스를 한 후 잘 헹구는 것은 깨끗하고 편안한 머리카락과 두피가 되는 데 있어 중요하다.

- 피부를 비누로 씻는다. 헹군다. 잘 헹구는 것은 깨끗하고 편안한 피부를 위해 중요하다.
- 샤워가 끝나면 물을 잠근다. 이것은 물과 에너지를 절약해 준다.
- 몸의 물기를 닦는 데 수건을 이용하고, 수건을 걸어 놓는다. 물기 없는 피부는 새 옷을 입을 때 더 편하게 느끼도록 해 준다. 수건을 걸어 놓으면 욕실이 깔끔해진다. 또 누군가 '야, 다시 와서 수건 걸어.'라고 말하지 않게 해 준다.
- 새 옷을 입는다. 더러운 옷은 욕실 밖으로 내놓는다. 이래야 욕실이 깔끔해진다.

나는 샤워하는 것을 배울 때 이 목록을 이용할 수 있다. 엄마, 아빠는 샤워하는 방법을 알고 있다. 내가 샤워하는 데 질문이 있으면 그들이 답해 줄 것이다. 계속 연습하면 나는 이 목록이나 엄마, 아빠의 도움이 필요 없을 수 있다. 나는 혼자서 샤워하는 방법을 배울 것이다!

이야기 #100

샤워를 짧게 해서 욕실을 함께 이용하기

우리 집에는 욕실이 두 개 있다. 하나는 부모님께서 쓰신다. 다른 하나는 나와 에밀리 누나, 남동생 오스틴이 같이 쓴다.

에밀리 누나는 욕실에서 변기, 샤워기, 욕조를 쓴다.

남동생 오스틴은 욕실에서 변기, 샤워기, 욕조를 쓴다.

나는 욕실에서 변기, 샤워기, 욕조를 쓴다.

우리 모두 변기를 쓰고, 샤워를 하고, 이를 닦아야 한다. 우리 모두 공평하게 욕실을 쓸 시간이 필요하다.

샤워를 빨리 마치는 건 도움이 된다. 에밀리가 샤워를 빨리 마치면, 오스틴과 나는 더 빨리 욕실을 쓸 수 있다. 오스틴이 샤워를 빨리 마치면, 에밀리와 나는 더 빨리 욕실을 쓸 수 있다. 내가 샤워를 빨리 마치면, 에밀리와 오스틴은 더 빨리 욕실을 쓸 수 있다. 샤워를 빨리 마치면 욕실을 같이 쓰는 데 도움이 된다.

에밀리와 오스틴과 욕실을 같이 쓰기 위해서 나는 샤워를 빨리 마치려고 애쓸 것이다.

이야기 #101

샤워를 더 빨리 끝내는 방법

때때로 샤워를 더 빨리 끝내는 것은 중요하다. 여기 샤워를 더 빨리 끝내고, 더 재미있게 할 수 있는 방법들이 있다.

- 욕실에서 놀지 말고 샤워를 하는 단계들을 마쳐라.
- 10분 동안 알람을 맞추고, 알람이 울리기 전에 샤워하는 단계를 마치도록 해라.
- 노래 세 곡이 끝나는 동안 샤워를 마쳐라. 샤워실 안 라디오에 좋아하는 노래를 녹음해라. 첫 번째 노래가 끝날 때쯤 머리를 감고 헹구어라. 두 번째 노래가 끝날 때는 몸을 씻고 헹구어라. 세 번째 노래가 끝날 때 몸에 물기를 닦고 깨끗한 옷으로 갈아입어라.

우리 집에서는 샤워를 더 짧게 하는 것이 중요하다. 이때 계획을 갖고 하면 도움이 된다. 나는 이 목록에 있는 생각들 중 한 가지를 사용하려고 시도해 볼 수 있다. 그렇지 않으면 엄마나 아빠, 나에게 또 다른 생각이 날 수 있다. 무엇으로 결정하든 나는 다른 사람과 같이 쓰는 욕실에서 샤워하는 시간을 줄이려고 애쓸 것이다.

이야기 #102

지저분함에 관한 진실

우리 가족은 한 집에 산다. 우리는 먹고, 목욕하고, 자고, 옷 입고, 놀고, 거기에서 일한다. 때때로 우리는 집을 지저분하게 한다.

우리가 먹을 때 냄비, 팬과 접시들은 더러워진다. 이것은 집을 지저분하게 할 수 있다.

우리는 잠잘 준비를 할 때 더러운 옷을 벗고, 잠옷을 입고, 양치를 하고, 잠자리에서 읽을 책을 찾고, 내 거북 슬로우모를 찾는다. 이것은 집을 지저분하게 할 수 있다.

우리가 잘 때 시트는 구겨지고, 때때로 잠옷은 아침에 일어나면 방바닥에 떨어져 있다. 벌써 지저분해지기 시작했다!

우리가 옷을 갈아입을 때도 물건들이 지저분해질 수도 있다.

우리 가족은 노는 걸 좋아한다. 그것은 정말로 집을 지저분하게 할 수 있다!

때때로 엄마, 아빠는 마당을 깨끗이 치우러 밖으로 나가신다. "오, 이런…… 거기도 지저분해지나?"

지저분함에 관한 하나의 진실이 있다. 지저분함은 누가 치우기 전까지 지저분하다.

누가 거기 앉아서 지저분한 걸 보고 그게 사라지기를 바랄 수 있다. 그 사람이 돕지 않는 한 지저분한 건 그대로 남아 있을 것이다.

지저분함에 관한 진실은 오직 사람들만이 그것을 없앨 수 있다는 것이다.

이야기 #103

집에서 예의 바르게 다시 말하기

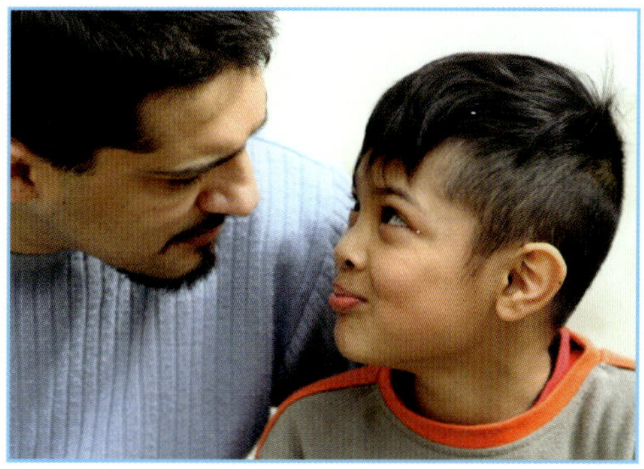

나는 존경심에 대해 배우고 있다. 존경심은 우리 가족 모두가 중요하고, 편안하고, 안전하다고 느끼게 도와준다. 부모님께 예의 바르게 (존경심을 가지고) 말하는 것은 하나의 기술이다. 그것은 훈련이 필요하다.

때때로 아이들은 예의 바르게 행동하지 못한다. 한 아이가 무례한 목소리와 말을 쓸 수 있다. 부모님께 무례하게 말하는 것은 실수다.

부모님들은 아이들이 편안하고 행복하게 느끼기를 바라고, 다른 사람들을 예의 바르게 대하기를 바란다. 만약 우리 형제들이나 내가 존경심과 관련된 실수를 하면 부모님은 '예의 바르게 다시 말해라.'라고 말한다.

'예의 바르게 다시 말해라.'는 우리에게 중요한 두 번째 기회를 주는 것이다. 그것은 우리에게 다시 생각할 기회를 준다. 다음에 우리는 차분한 목소리와 협조적인 말로 다시 이야기하려고 노력할 것이다. 우리는 같은 말을 하지만 예의 바르게 하려고 노력할 것이다.

만약 우리 엄마, 아빠가 나에게 '예의 바르게 다시 말해라.'라고 하면 그것은 내가 예의 바르게 행동하지 못했다는 뜻이다. 그러면 나는 다시 생각해서 차분한 목소리와 협조적인 말을 써서 예의 바르게 이야기하려고 애쓸 것이다.

많은 아이들은 예의 바르게 행동하는 데 실수를 한다. 연습을 통해 그들은 부모님께 예의 바르게 말하는 기술을 배운다.

이야기 #104
보모는 무슨 일을 하는가

내 이름은 조셉이다. 때때로 나는 보모랑 있는다. 보모는 아기나 아이들을 돌보는 사람이다.

엄마, 아빠는 보모에게 오라고 부탁을 한다. 부모는 그들이 집에 없을 때 아이들을 잘 돌볼 보모를 고르려고 애쓴다.

보모는 부모님께서 떠나시기 전에 온다. 부모님께서 돌아오시면 보모는 떠난다.

때때로 나는 부모님이 돌아오시기 전까지 보모 집에 가서 머무를 수 있다. 그래도 괜찮다. 엄마, 아빠가 다른 일을 하러 가실 수 있다. 부모님은 어디에서 무엇을 하든 내가 어디에 있고, 그곳으로 어떻게 갈 수 있는지 알고 있다.

때때로 나는 보모랑 같이 있는다. 보모는 아기나 아이들을 돌보는 사람이다.

이야기 #105

나의 보모는 나에 대해 안다

나는 보모가 많다. 그들은 나에 대한 이 이야기를 읽는다. 그들은 나에 대해 알고 있다.

나의 보모는 내가 〈토마스와 친구들〉의 토마스를 좋아한다는 것을 알고 있다.

나의 보모는 내가 코끼리 허비를 안고 잔다는 것을 알고 있다.

나의 보모는 허비가 코끼리라는 것을 알고 있다.

나의 보모는 내가 좋아하는 음식과 그것을 만드는 방법을 알고 있다.

나의 보모는 내가 좋아하는 자기 전에 읽는 이야기가 아빠가 만든 코끼리 책장에 있다는 것을 알고 있다.

나의 보모는 복도에 불이 계속 켜져 있다는 것을 알고 있다.

나의 보모는 옷장에 진공청소기를 두어야 한다는 것을 알고 있다.

나의 보모는 이 모든 것과 더 많은 것을 알고 있다. 그녀는 엄마, 아빠가 집에 올 때까지 나를 돌봐야 된다는 것을 알고 있다.

이야기 #106

올라가는 에스컬레이터

우리 동네 사람들은 올라가는 에스컬레이터를 같이 이용한다. 에스컬레이터는 움직이는 계단이다. 에스컬레이터는 사람들을 한 층에서 다른 층으로 옮기는 좋은 수단이다.

사람들은 한 걸음씩 계단을 올라간다. 에스컬레이터에서는 한 계단에 서서 꼭대기까지 올라간다!

이때 안전하게 난간을 잡는 것이 중요하다. 손잡이는 계단과 같은 속도로 움직인다. 이것은 사람들이 에스컬레이터를 편하고 안전하게 이용하도록 해 준다.

이것은 올라가는 에스컬레이터를 이용하는 방법이다.

- 천천히 에스컬레이터 아래쪽으로 걸어간다.
- 잠깐 멈춰 서서 어떤 빈 계단에 올라설지 결정한다.
- 계단 옆 난간에 손을 올린다.
- 밑을 내려다보면서 한 발을 내딛고, 다른 발도 같은 계단에 내딛는다. 이때는 큰 보폭으로 움직일 수 있다.
- 타고 올라간다. 안전하게 타기 위해서 같은 계단에 머무른다.
- 꼭대기에 가까이 가도 계속 난간을 붙잡고 있는다.
- 맨 꼭대기에 도착해서 내릴 때 계단이 미끄러져 들어가면서 천천히 평평해진다. 이때 난간에서 손을 떼고 걸어 나간다.

대부분의 에스컬레이터는 두 사람이 한 계단에 설 정도로 넓다. 때때로 나는 혼자 서 있을 수 있다. 다른 때는 엄마, 아빠, 남동생, 누나, 또는 내가 아는 다른 누군가와 같이 탈 수 있다.

가끔 올라가는 에스컬레이터는 매우 매우 붐빈다. 에스컬레이터를 이용하려고 기다리는 사람들이 있고, 거의 모든 계단에 사람들이 있다. 이럴 때는 내게 누가 같이 서 있자고 할 수 있다. 꼭대기에서 멈추기 전에 몇 걸음을 걷는 것이 중요하다. 이것은 다른 사람들이 에스컬레이터에서 내리는 데 충분한 공간을 남겨 줄 것이다.

우리 동네 사람들은 올라가는 에스컬레이터를 안전하게 같이 타려고 노력한다. 나도 올라가는 에스컬레이터를 같이 안전하게 타려고 노력할 것이다.

이야기 #107
푸드코트에서 먹기

우리 가족은 쇼핑몰에 갈 것이다. 우리는 푸드코트에서 먹을 수 있다. 푸드코트는 여러 개의 음식점이 있는 넓은 공간이다. 한 넓은 공간에 사람들이 앉아서 먹는 곳이다. 사람들은 음식점을 고른 후 음식을 사고 나서 빈 테이블에 앉아 먹는다.

푸드코트에는 선택권이 많다. 우리 식구들 각자는 좋아하는 음식을 고르고 한 테이블에서 같이 먹는다. 우리 가족은 그런 식으로 푸드코트를 이용할 수 있다. 그것은 부모님이 결정한다.

푸드코트의 음식점에서는 음식이 빨리 나온다. 그곳에서 사람들은 빨리 일한다. 그들은 빨리 질문한다. 그들은 주문을 빨리 받는다. 그들은 고객들이 음식을 빨리 고를 때 좋아한다.

우리 부모님은 내가 음식 사는 것을 도와줄 수 있다. 우리는 다음 단계를 밟을 수 있다.

- 레스토랑을 고르고 그쪽으로 걸어간다.
- 레스토랑에 줄을 선다. 우리가 처음일 수 있다. 우리 앞에 다른 사람이 있으면 그들은 우리보다 먼저 음식을 주문할 것이다. 그 사람이 우리를 잽싸게 힐끗 봤을 때는 우리가 너무 가까이에 서 있다는 뜻이다. 그것은 정확히 알기 어렵다. 가까이에 서 있는 경우이든 아니든 한 발짝 물러서는 것은 도움이 될 수 있다.

- 음식을 주문한다. 언제 음식을 주문하는지 알기 위해서 점원이 주문받는 것을 보는 것은 도움이 된다. 우리가 주문할 차례가 되면 점원이 우리를 힐끗 볼 수 있다. 점원이 무슨 말을 할 수도 있지만 매우 빨리 말할 수 있다. 예를 들어, 점원은 '그러면 손님은요?' 라고 말하거나 '알겠습니다.' 라고 말할 수 있다. 이렇게 말하는 것, 힐끗 쳐다보는 것, 주문한 사람 바로 뒤에 있는 것은 우리가 주문할 때가 되었다는 의미다.
- 음식을 쟁반에 놓는다. 부모님들이 이것을 도와줄 수 있다.
- 앉을 곳을 고른다. 엄마, 아빠가 벌써 우리 테이블을 찾았을 수 있다.

우리 가족은 쇼핑몰의 푸드코트에서 밥을 먹는다.

이야기 #108

이곳은 붐빈다

우리 동네에는 상점과 음식점들이 있다. 때때로 그곳은 붐빈다. 어떤 장소가 붐빈다는 단서가 있다. 만일 다음과 같다면 그 장소는 붐비는 것이다.

- 많은 사람들이 있다.
- 사람들이 원하는 것보다 더 천천히 움직여야 한다.
- 걸어 다니면서 다른 사람들이 지나가도록 멈춰야 한다.
- 사람들의 줄이 길게 한 줄 또는 그 이상이 있다.
- 소음이 많되 그것은 사람들의 목소리만이 아니다.
- 엄마가 그다지 많이 웃고 있지 않다.
- 같이 있는 누군가가 '여기 진짜 붐빈다!'라고 말할 수 있다.

어떤 사람들은 붐비는 곳에 있는 걸 즐긴다. 어떤 사람들은 그렇지 않다. 부모님이 붐비는 곳에 들어섰을 때 그곳에 머무르길 결정할 수 있다. 또는 조금 있다 다시 오거나 다른 날 오기로 할 수도 있다. 왜냐하면 어떤 부모님은 붐비는 곳에서 침착하고 행복하게 있기 어렵기 때문이다.

어떤 장소가 밀리면 우리의 계획이 바뀔 수 있다. 그래도 괜찮다. 그 장소가 덜 밀리는 다른 때를 찾아서 그곳에 방문하는 것이 더 재미있을 수 있기 때문이다.

우리는 동네에서 붐비는 곳에 갈 수 있다. 우리는 그곳에 머물거나, 조금 있다 다시 오거나, 다른 날 다시 올 수 있다.

10

학 교

이야기 #109

오늘은 학교 가는 날인가

나는 학교 가는 날에 등교를 한다. 월요일, 화요일, 수요일, 목요일, 금요일은 주로 학교 가는 날이다. 때때로 학교가 쉬기도 한다.

1년 동안 방학이 여러 날 있다. 어떤 방학은 길고, 어떤 방학은 짧다. 방학은 학교 달력에 적혀 있다.

우리 학교가 선생님에게는 개방되지만 학생에게는 개방되지 않는 특별한 날이 있다. 바로 선생님들이 연수를 받거나, 일하는 날이다. 이날은 보통 학교 달력에 적혀 있다.

겨울에 눈이 많이 오거나 길이 얼 수 있다. 그러면 차나 버스가 돌아다니기에 안전하지 않거나 돌아다니기 어려워서 학교가 쉰다. 그날은 눈 오는 날이다. 사람들은 겨울에 눈 오는 날이 며칠 있기를 기대하지만 눈 오는 날은 달력에 적혀 있지 않다. 왜냐하면 아무도 정확히 언제 눈이 와서 학교가 쉴지 알 수 없기 때문이다. 우리 부모님은 눈 오는 날이 언젠지 알기 위해 기상뉴스를 본다.

오늘이나 내일 학교를 가는지 헷갈릴 수 있다. 부모님이 도움을 줄 수 있다. 부모님은 학교 가는 날에 관심이 많다. 부모님은 학교 달력과 지역뉴스를 이용하는 방법을 안다.

나는 학교 가는 날에 등교를 한다. 때때로 우리 학교는 문을 닫을 것이다.

이야기 #110

오늘 결석할까? 그래도 괜찮다

나는 오늘 학교에 결석했다. 부모님께서는 괜찮다고 하셨다.

아이가 결석하는 데는 여러 가지 이유가 있다. 아이는 다음과 같을 때 학교에 결석할 수 있다.

- 아파서 집에 있을 필요가 있다.
- 의사나 치과의사에게 가야 한다.
- 가족과 여행 중이다.
- 아이가 결석하는 데는 다른 이유도 있다.

아이가 결석하는 것은 괜찮다. 선생님은 학생이 숙제를 받도록 도와주고, 학교 공부를 끝마치게 할 것이다.

오늘 나는 결석했다. 왜냐하면 ________________________________ 그래도 괜찮다. 우리 선생님은 나에게 숙제에 대해 말해 줄 것이다. 그런 식으로 나는 학교 공부를 마칠 수 있을 것이다.

내일 나는 학교에 갈 수도 있고, 다시 결석할 수도 있다. 엄마, 아빠는 내가 언제 학교에 다시 갈지에 관한 내 질문에 대답해 줄 수 있다.

이야기 #111

우리 선생님이 다른 곳에 계실 때

내 이름은 안드레아다. 우리 선생님은 스미스 선생님이다. 대부분 스미스 선생님이 우리 반을 가르친다. 때때로 선생님은 다른 곳에 계셔야 한다.

선생님들이 아플 때가 있다. 스미스 선생님도 아플 수가 있다. 그녀는 집에 있을 수 있다.

선생님들은 교사 연수를 가실 때가 있다. 스미스 선생님도 교사 연수에 갈 수 있다.

많은 선생님들에게 아이가 있고, 아이가 아플 수 있다. 스미스 선생님에게는 세 쌍둥이가 있다. 세 쌍둥이 중 한 명이 아프면 선생님께서는 집에 계셔야 한다.

우리는 스미스 선생님께서 그날 못 오시면 대리 선생님에게 배운다. 그것은 괜찮다. 스미스 선생님은 가능한 한 빨리 수업에 복귀할 것이다.

이야기 #112

대리 선생님이 오시는 날

오늘 우리 반에 대리 선생님이 오신다. 오늘은 대리 선생님이 오시는 날이다. 이 말은 파커 선생님께서 안 계시다는 뜻이다. 여기 대리 선생님이 계신다. 이 선생님의 이름은 맥켄 선생님이다. 어떤 학생들은 평소와 다르게 행동할 수 있다.

대리 선생님께서 오시는 날에 대부분의 학생들은 평소처럼 놀고 공부한다. 어떤 학생들은 더 떠들고, 자리를 더 자주 뜨고, 학급 규칙을 더 어기고, 공부를 덜 한다. 그들은 평소에 하지 않는 실수를 한다.

많은 학생들은 맥켄 선생님을 돕고 싶어 한다. 우리 반 모두가 파커 선생님께서 계실 때처럼 행동하면 매우 도움이 될 것이다. 그러나 오늘은 이런 일이 일어나지 않을 것이다. 어떤 학생들은 맥켄 선생님께 도움을 드리려 하지 않는다. 그들이 하고 싶어 하는 다른 것들이 있다.

맥켄 선생님은 대리 선생님이 계실 때 다르게 행동하는 학생들에 대해 알고 계신다. 선생님은 어떤 학생들이 그런 실수를 할 거라고 예상한다. 무엇을 할지 결정을 내리는 건 맥켄 선생님의 일이다. 그는 모든 학생을 책임지고 있다. 그들이 평상시 하듯이 공부하지 않는 학생들도 책임지고 있다.

대리 선생님께서 오시는 날에는 학생들이 평소에 하듯이 공부하고 노는 게 도움이 된다. 대리 선생님과 다른 학생들도 돕는 좋은 선택이다. 어떤 학생들은 다른 선택을 할 수 있다. 대리 선생님은 그들에 대해 어떻게 할지 결정한다.

이야기 #113

수업 시간표

내 이름은 케이틀린이다. 나는 존스 선생님 반이다. 우리 반에는 수업 시간표가 있다.

존스 선생님께서 우리 반 수업 시간표를 만드셨다. 그것은 우리 반을 위한 계획이다. 거기에는 우리가 대부분의 등교일에 무엇을 할지 적혀 있다.

때때로 존스 선생님은 다른 계획을 따르기로 결정할 것이다. 우리가 대신할 다른 활동들이 수업 시간표에 써 있을 것이다. 그래도 괜찮다. 그럴 때는 존스 선생님이 우리에게 새로운 계획을 얘기할 것이다. 우리는 내일 붙여질 시간표를 따를 수 있다.

대부분 우리의 수업 시간표는 존스 선생님이 우리에게 무엇을 하라고 하는 것과 일치한다. 때때로 우리는 다른 계획을 가질 수 있다. 이럴 때 나는 존스 선생님이 우리에게 하라고 하는 것을 하려고 애쓸 것이다.

이야기 #114

우리의 수업 시간표에 관한 진실

내 이름은 헤일리다. 나는 칼슨 선생님 반이다. 우리 반에는 두 가지 시간표가 있다.

시간표에는 계획된 시간과 활동들이 적혀 있다. 하나의 시간표에는 매주 있는 우리의 특별수업과 우리가 그것들을 시작하고 끝내는 시간이 적혀 있다. 거기에 미술과 체육 시간이 적혀 있다. 또 다른 시간표에는 매일의 수업 과목들과 시작하고 끝나는 시간이 적혀 있다. 이 시간표에는 수학, 언어, 과학 시간이 적혀 있다.

수업 시간표에 관한 진실은 그것이 사람은 아니라는 것이다. 시간표는 아무것도 모른다. 시간표는 단지 글자가 적힌 종이다. 항상 모든 사람이 같이 볼 수 있도록 벽 높이 붙여진 채 있는 계획표다.

칼슨 선생님은 많은 것을 알고 있다. 때로 그녀는 계획된 시간표가 우리 반에 맞지 않을 거라는 것을 알고 있다. 그래서 선생님은 우리 반이 무엇을 할지 말한다. 우리의 수업 시간표에 관한 또 다른 진실이 있다. 어떤 때라도 칼슨 선생님은 시간표를 바꿀 수 있다.

이 경우에 이것은 칼슨 선생님이 우리의 시

간표가 적힌 종이보다 훨씬 힘이 있다는 뜻이다. 만약 선생님이 우리에게 시간표에 적힌 것과 다른 것을 하라고 하면 우리는 다른 것을 하려고 애쓸 것이다.

여기 그것이 적용된 예가 있다. 지난주에 우리의 수업 시간표에는 1시에 미술을 하기로 적혀 있었다. 칼슨 선생님께서는 모두에게 수학책을 치우라고 하셨다. 갑자기 소방 훈련 사이렌이 울렸다. 칼슨 선생님은 "괜찮아, 소방 훈련이야. 문 앞에 줄을 서라. 우린 밖으로 나갈 거야."라고 하셨다. 선생님은 이처럼 우리의 주간 시간표를 바꿨다. 소방 훈련이 오래 걸려서 미술 수업은 취소되었다.

게시판에 붙어 있는 시간표는 계획이 적혀 있는 종이일 뿐이다. 우리 학교에서는 대부분의 선생님이 종이에 적힌 계획표보다 더 힘이 세다. 이것이 수업 시간표에 관한 진실이다.

이야기 #115

학교에서의 지시사항에 대해 배우기

때때로 선생님들이나 다른 학교 직원들은 학생들에게 무엇을 하라고 말한다. 그들은 학생들에게 지시사항을 내린다.

지시사항은 학생들이 공부하고, 배우고, 같이 노는 것을 돕는다. 또 지시사항은 학생들이 안전하게 지내도록 돕는다.

지시사항에는 두 부분이 있다. 첫 번째는 지시를 내린다. 선생님들이 종종 그렇게 한다. 선생님들은 나와 학급의 다른 모든 학생에게 지시를 내린다. 두 번째는 지시사항을 따른다. 그것은 학생들의 일이다.

나는 학교에서의 지시사항에 대해 배우고 있다. 지시사항은 한 학급이 공부하고, 배우고, 같이 안전하게 놀 수 있도록 돕는다.

이야기 #116

모두 선생님을 보고 들으라는 큰 노란색 표지판

내 이름은 엘리자다. 나는 학교에 다닌다. 나의 담임선생님은 헌터 선생님이다. 그는 큰 노란색 표지판을 가지고 있다.

이것이 모두 선생님을 보고 들으라는 큰 노란색 표지판이다. 그것은 중요하다. 그것은 **모두 카터 선생님을 보려고 애쓰세요** 또는 **모두 카터 선생님의 말을 들으려고 애쓰세요**를 뜻한다. 대부분 카터 선생님은 이것을 보고 듣기 표지판이라고 부른다. 그것은 그만의 신호이기 때문에 그렇게 부를 수 있다.

카터 선생님이 나와 다른 학생들에 대해 이야기할 때가 있다. 대부분 그는 교실 맨 앞에 있을 때 이렇게 하신다. 선생님은 모두 볼 수 있도록 그의 보고 듣기 표지판을 들어올린다. 이것은 모두 집중해서 선생님 말을 들을 때라는 뜻이다.

카터 선생님은 가르칠 때 그의 표지판을 든다. 그는 우리에게 수학, 읽기, 쓰기, 철자법, 과학, 그리고 다른 과목을 가르칠 때 그것을 든다. 그것을 들면 카터 선생님이 우리에게 숙제를 내줄 때다. 그것을 들면 카터 선생님이 나와 다른 학생들에게 지시사항을 내릴 때다. 그것을 들면 선생님이 동시에 반 모든 학생에게 이야기할 때다.

이것은 카터 선생님 표지판의 뒷면이다. 카터 선생님이 모두 선생님 말을 들으라고 할 필요가 없을 때가 있다. 우리가 모두 공부하고 있을 때다. 카터 선생님은 다른 선생님이나 교장 선생님과 이야기할 수 있다. 때때로 카터 선생님은 소규모 읽기그룹처럼 몇몇의 학생들에게 이야기하고 있다. 때로는 선생님이 다가오셔서 나에게만 얘기할 수도 있다. 따라서 모두에게는 아니다. 그러는 동안 그 표지판 뒷면이 올라가 있다.

모두 선생님을 보고 들으라는 큰 노란색 표지판은 엘리자와 다른 사람 모두가 카터 선생님을 보려고 애쓰고, 또 선생님 말을 들으세요라는 뜻이다. 내가 언제 카터 선생님 말을 주의 깊게 들으려고 노력해야 하는지 알면 도움이 된다.

이야기 #117

이것은 나의 담임 선생님의 결정이다

선생님들은 학급에서 많은 결정을 내린다. 그 결정은 단호한—보통은 최종—선택이다. 선생님들은 누가 점심값을 걷고, 교실 안의 애완동물을 어떻게 돌볼지와 같은 많은 결정을 내린다. 그것은 그들의 일이다.

선생님들은 학생들의 의견에 대해서도 자주 결정을 내린다. 에이시아에게 생각이 있다. 그녀는 오늘 점심값을 걷고 싶다. 에이시아의 선생님인 카펠 선생님은 누가 돈을 걷을지 결정한다. 에이시아는 카펠 선생님에게 "제가 오늘 점심값을 걷어도 되나요?" 라고 물었다.

"그러면 좋겠네." 라고 카펠 선생님이 말씀하셨다. '그러면 좋겠네.' 라는 것은 허락하는 결정이다. 이 허락하는 결정은 에이시아가 오늘 점심값을 걷을 수 있다는 뜻이다.

크리스토퍼에게도 한 가지 생각이 있다. 그는 햄스터 엔젤을 우리 밖으로 내놓고 싶다. 카펠 선생님은 엔젤이 언제 우리 밖에 나갈 수 있는지를 결정한다. 크리스토퍼는 카펠 선생님에게 "제가 엔젤을 우리 밖으로 내놓아도 될까요?" 라고 물었다.

"지금 당장은 말고, 크리스토퍼!" 라고 카펠 선생님이 말씀하셨다. '지금 당장은 말고' 라는 뜻은 안 된다는 결정이다. 이 안 된다는 결정은 햄스터 엔젤이 우리 안에 있을 거라는 뜻이다.

선생님들은 매일 많은 결정을 내린다. 나의 담임 선생님도 결정을 내린다. 때때로 나의 담임 선생님은 허락하는 결정을 내릴 수도 있다. 어떨 때 나의 담임 선생님은 안 된다는 결정을 내릴 수도 있다. 결정을 내리는 것은 나의 담임 선생님의 일 중 일부다.

이야기 #118

줄 설 때 내 자리

나의 담임 선생님의 일은 우리 반 아이들에게 지시사항을 내리는 것이다. 우리의 일은 그 지시사항을 따르려고 애쓰는 것이다.

때때로 많은 학생들은 이곳에서 저곳으로 움직인다. 안전하게 걷고, 동시에 다른 무리들도 복도를 지나갈 수 있도록 줄을 지어서 걸으려고 애쓰는 것은 중요하다.

많은 학생들이 줄 맨 앞에 서고 싶어 한다. 선생님은 누가 맨 앞에 설지 결정한다. 가끔은 내가 맨 앞에 설 것이다. 대체로 다른 학생이 맨 앞에 설 것이다. 이럴 때 나는 줄에서 다른 자리에 있을 것이다. 이것은 선생님이 각각의 학생에게 맨 처음에 설 기회를 주는 데 도움이 된다.

나의 담임 선생님은 누가 줄 맨 앞에 설지 결정한다. 가끔 내가 맨 앞에 설 것이다. 대체로 다른 학생들이 맨 앞에 설 것이다. 그것이 우리 학교에서 줄 서는 방식이다. 그것이 지구 별에서의 삶이다.

이야기 #119

학교에서 존경심에 대해 배우기

존경심은 다른 사람에게 주의 깊고 사려 깊은 것이다. 사람들은 친절한 말과 행동으로 존경심을 표현한다. 존경심은 모두가 환영받고, 편안하고, 안전하게 느끼도록 도와준다.

선생님과 학생들은 학교에서 존경심을 표현하려고 애쓴다. 여기 몇 가지 예가 있다.

- **존경심**은 친절한 말을 사용하고, 친절한 행동을 하는 것이다.
- **존경심**은 사려 깊게 다른 학생을 돕는 것이다.
- **존경심**은 같이 나누는 것이다.

존경심은 다른 사람에게 주의 깊고 사려 깊은 것이다. 학교에서 존경심은 모두가 환영받고, 편안하고, 안전하게 느끼도록 도와준다.

이야기 #120

학교에서 존경심 사용하기

존경심은 다른 사람에게 주의 깊고 사려 깊은 것이다. 사람들은 친절한 말과 행동으로 존경심을 표현한다. 존경심은 모두가 환영받고, 편안하고, 안전하게 느끼도록 도와준다.

선생님과 학생들은 학교에서 존경심을 표시하려고 애쓴다. 여기 몇 가지 예가 있다.

- 존경심은 친절한 말과 행동을 사용하는 것이다. 제이콥 선생님이 5학년 학생들을 가르칠 때, 선생님은 친절한 목소리를 사용하고, 자주 미소를 짓는다.
- 존경심은 사려 깊게 다른 학생을 돕는 것이다. 복도에서 도서 바자회에 쓸 돈을 넣은 봉투를 떨어트렸다. 호세가 봉투가 떨어지는 걸 보았다. 그가 봉투를 들고 말했다. “사만다, 여기 있어. 네가 봉투를 떨어트렸어.”
- 존경심은 같이 나누는 것이다. 에이든은 파란색 펜이 필요했다. 제나가 가지고 있었다. 제나가 “여기, 내 것 써도 돼.”라고 말했다.
- “고마워, 제나.”라고 에이든이 말했다. “고마워.”라고 말하는 것도 존경심을 표하는 것이다!
- 존경심은 다른 사람들이 생각하려고 애쓰거나 숙제를 마치려 할 때 조용히 하는 것이다. 트리스탄은 시험을 먼저 마쳤다. 그는 시험이 끝날 때까지 조용히 책을 읽었다.

존경심은 다른 사람에게 주의 깊고 사려 깊은 것이다. 존경심은 모두가 환영받고, 편안하고, 안전하게 느끼도록 도와준다.

이야기 #121

예의 바르게 선생님께 말하기

학생들은 선생님들에게 예의 바르게 (존경심을 가지고) 말하는 것을 배운다. 존경심은 다른 사람에게 주의 깊고 사려 깊은 것이다. 학생들이 예의 바르게 말할 때, 그들은 차분한 목소리와 친절한 말을 사용한다.

학생들은 행복하고, 차분하며, 편안할 때 예의 바르게 말하는 것이 가장 쉽다.

때때로 학생에게 문제가 있거나, 혼란스럽거나, 화가 날 수 있다. 혼란스러움과 화는 부정적인 감정이다. 부정적인 감정은 불편하다. 부정적인 감정은 예의 바르게 이야기하는 것을 더 어렵게 한다. 부정적인 감정을 자제하는 법을 배우는 것은 중요하다. 그러면 학생은 불편한 감정을 느낄 때조차도 예의 바르게 이야기할 수 있다.

많은 학생들은 자신의 감정을 통제하는 법을 배우기 위해 열심히 노력한다. 연습을 하면서 많은 학생들은 감정을 통제하면 예의 바르게 이야기하는 것이 더 쉽다는 것을 알게 된다.

이야기 #122

학교에서 예의 바르게 다시 말하기

나는 존경심에 대해 배우고 있다. 존경심은 모두가 환영받고, 편안하고, 안전하게 느끼게 돕는다. 예의 바르게 (존경심을 가지고) 선생님에게 말하는 것을 배우는 것은 기술이다. 학생들은 예의 바르게 말하는 것에 대해 생각하고 연습할 필요가 있다. 때때로 학생들은 무례하게 행동할 수 있다. 그때 학생들은 선생님에게 무례한 목소리나 말들을 사용할 수 있다.

선생님에게 무례하게 이야기하는 것은 실수다. 선생님들은 학생들이 바르게 행동하고 다른 사람에게 예의 바르게 대하기를 바란다. 학생이 웨스트라 선생님에게 무례한 목소리나 말로 이야기할 때마다 웨스트라 선생님은 '예의 바르게 다시 말해라.' 라고 말한다.

'예의 바르게 다시 말해라.' 라고 하는 것은 학생들에게 중요한 두 번째 기회를 주는 것이다. 이것은 학생들에게 생각해서 다시 차분한 목소리와 협조적인 말로 이야기하게 하는 기회를 주는 것이다. 이것은 학생들이 같은 것을 말하지만 예의 바르게 말할 기회를 주는 것이다.

웨스트라 선생님이 '제발, 예의 바르게 다시 말해라.' 라고 내게 말할 때 그 뜻은 내가 예의 바르게 말하지 못했다는 뜻이다. 나는 생각해서 차분한 목소리와 협조적인 말을 사용해서 다시 말하려고 애쓸 것이다. 나는 다시 예의 바르게 말하려고 애쓸 것이다.

많은 학생들은 예의 바르게 행동하는 데 실수를 한다. 연습을 통해 학생들은 선생님께 예의 바르게 말하는 기술을 배운다.

이야기 #123

내가 학교에서 예의 바르게 말할 때

나는 예의 바르게 (존경심을 가지고) 말하는 것을 배우고 있다. 예의 바르게 말하는 것은 차분하고 자제력 있는 목소리로 협조적인 말들을 사용하는 것이다. 어른들, 학교 친구들, 그리고 친구들과 공부하거나 놀 때, 예의 바르게 말하는 것은 매우 중요하다. 그러면 모두 편안하게 느낀다.

학교에서 나를 책임지고 있는 어른들은 내가 예의 바르게 말할 때를 알아차린다. 예를 들어, 도서 바자회에서 내가 굉장히 사고 싶었던 책이 있었다. 나는 돈이 충분히 없었다. 한 어른은 내게 그 책을 다시 책장에 갖다 놓으라고 했다. 나는 매우 실망했지만 차분한 목소리로 "알겠어요."라고 하면서 협조적인 말을 사용했다.

여기 내가 학교에서 말했던 다른 예의 바른 표현들이 있다.

사람들은 내가 예의 바르게 말할 때 알아차린다! 그들은 내가 협조적인 말과 차분한 목소리로 말할 때 차분하고 편안하게 느낀다.

이야기 #124

연습이란 무엇인가

학생들은 많은 중요한 기술을 배운다. 읽기는 기술이다. 수학, 쓰기, 그리고 철자법도 기술이다. 연습은 학생들이 배우는 한 가지 방식이다.

때때로 선생님들은 학생들에게 기술을 연습하라고 한다. 연습은 한 기술을 계속 반복해서 주의 깊게 훈련하는 것이다.

학생들은 더하기를 배울 때, 수학 문제를 많이 풀면서 연습한다.

학생들은 쓰기를 배울 때, 단어를 반복해서 쓰면서 글자를 익힌다.

학생들은 철자법을 배울 때 철자법을 똑바로 쓰는 것을 연습한다.

연습은 학생들이 중요한 기술을 배우도록 돕는다.

이야기 #125

실수는 배우는 도중에 일어난다

학생들은 자주 실수를 한다. 그것은 괜찮다. 실수는 종종 배우는 도중에 일어난다.

학생들은 더하기나 빼기를 배울 때 자주 실수를 한다. 그것은 괜찮다. 실수는 수학을 배우는 도중에 자주 일어난다.

학생들은 글자와 단어 쓰기를 배울 때 자주 실수한다. 그것은 괜찮다. 실수는 쓰기를 배우는 도중에 자주 일어난다.

학생들은 식물, 동물, 암석, 또는 우주에 대해서 배울 때 자주 실수한다. 그것은 괜찮다. 과학을 배우는 도중에 실수는 자주 일어난다.

학생들은 다른 나라, 그 나라의 역사와 국민에 대해서 배우는 도중에 자주 실수한다. 그래도 괜찮다. 실수는 지리, 역사, 사회를 배우는 도중에 자주 일어난다.

실수는 배우는 도중에 자주 일어난다. 나는 배우는 도중에 실수할 수 있다. 그래도 괜찮다.

이야기 #126

대단하다

학교 과제에서 실수를 하면 무엇을 해야 하나

실수는 잘못이다. 모든 학생은 실수한다. 그래도 대부분의 학생들은 학교 과제에서 실수를 해도 놀라지 않는다. 학생들은 슬프거나 실망할 수 있지만, 실제로는 놀라지 않을 수도 있다.

실수를 예상하는 것은 학생들이 수정한 과제에서 실수를 보면서 실망하는 데 대비할 수 있게 도와준다. 실수를 예상하면 많은 학생들이 차분하게 있는 데 도움이 되고, 어떤 실수도 생각해서 잘 다룰 수 있게 한다.

때때로 학생들은 학교 과제에 있는 실수를 고치라는 말을 듣는다. 그것은 대부분의 연필에 지우개가 달린 이유다. 학생들은 무엇을 잘못했는지 알려고 노력한다. 그래서 실수를 지우고 그것을 바로잡는다. 그것은 실수를 다루는 하나의 좋은 방법이다.

어떤 때는 왜 그 답이 틀렸는지 알기가 어렵다. 차분히 있는 것은 학생들이 최선의 생각을 하는 데 도움이 된다. 때때로 조금 더 생각하면 학생들이 실수를 바로잡는 데 도움이 된다. 그것은 실수를 다루는 또 다른 좋은 방법이다.

종종 학생들은 실수에 도움이 필요할 때가 있다. 그들은 무엇이 틀렸는지 조금 더 생각해서 알아보려고 하지만 실수 때문에 여전히 혼란스럽다. 그러면 그들은 도움을 요청한다. 도움을 요청하는 것은 실수를 다루는 또 다른 훌륭한 방법이다.

나는 학생이다. 나는 실수를 할 가능성이 높다. 나는 실수를 예상하는 것을 배우고 있다. 그러면 나는 내 실수를 다루는 데 능숙해지는 것을 배울 수 있다!

이야기 #127

나의 선생님에게 문제에 대해 말하기

선생님과 학생들은 많은 것에 대해 이야기한다. 그들은 종종 좋은 소식에 대해 말한다. 그들은 또한 함께 문제를 해결할 수 있다.

때때로 학생들은 문제가 생겨서 혼란스럽거나 화가 날 수 있다. 선생님에게 말하면 도움이 될 수 있다. 그러면 선생님은 문제가 있다는 것을 알 것이다. 선생님들은 듣고 싶어 한다. 선생님들에게는 많은 생각이 있다. 선생님들은 문제를 해결하는 데 도움이 될 수 있다.

내가 학교에서 문제가 있을 때 선생님에게 말하면 도움을 받을 수 있다. 내가 혼란스럽거나 화날 때도 선생님에게 말하면 도움을 받을 수 있다. 선생님에게는 많은 생각이 있다. 선생님은 문제를 해결하는 데 도움을 줄 수 있다.

선생님들은 학생들이 문제를 해결하는 것을 돕고, 다시 편안하게 느끼도록 도움을 줄 수 있다.

이야기 #128

쓰기 상자를 만드는 법

쓰기를 배우는 데는 시간과 노력이 필요하다. 학생들에게는 많은 멋진 생각들이 있다. 쓰기 상자에는 쓰려고 준비가 된 생각들을 담아 둔다.

쓰기 상자는 신발 상자로 만든다. 한 학생당 한 신발 상자가 필요하다. 학생들은 상자를 장식하거나 그냥 놔둘 수도 있다.

각 학생이 좋아하는 물건, 사진이나 장난감, 또는 다른 작은 물건 같은 것을 상자 안에 넣어 둔다. 이런 물건들은 신발 상자를 그 학생만의 쓰기 상자로 바꾼다. 그 상자는 학교에 보관된다.

쓰기 숙제를 할 때 상자 안에 있는 물건들은 학생들이 소재를 고르는 데 도움을 줄 수 있다. 상자 안을 들여다보면서 학생들은 물건을 고르고, 글쓰기 소재에 대한 생각을 고른다.

때때로 쓰는 동안 선택한 물건을 가지고 있는 것이 도움이 된다. 학생이 그 물건에 대해 무엇을 기억하는지를 쓰거나 사진에서 흥미로운 부분을 발견할 수 있다. 이런 식으로 쓰기 상자는 학생들이 생각을 발전시키는 데 도움을 준다.

많은 학생들은 쓰기 상자를 학교에서 사용한다. 그것은 소재를 고르고 그들의 생각을 발전시키는 데 도움을 준다. 나는 학교에서 쓰기 상자를 만들려고 노력하고, 집에서도 만들려고 노력할 수 있다!

이야기 #129

사실인 이야기를 쓰는 방법

나는 사실인 이야기를 쓰기 위해서 쓰기 상자를 이용하는 것을 배우고 있다. 사실인 이야기는 실제로 일어난 것을 묘사한다. 학생들은 자주 일기에 사실인 이야기를 쓴다. 사실인 이야기를 쓰기 위해서 나는 다음 다섯 단계를 따르려고 노력할 것이다.

1단계

사실인 이야기는 실제 사람들에 관한 것이다. 그들은 사실인 이야기의 등장인물들이다. 주인공은 이야기에서 가장 중요한 사람이다. 내가 내 이야기의 주인공일 수 있다. 또는 내가 아는 누군가에 관한 이야기를 쓸 수 있다. 나는 내 이야기의 주인공을 고르려고 애쓸 것이다.

2단계

사실인 이야기는 종종 경험을 묘사한다. 나는 실제 경험이 찍힌 사진들이 들어 있는 쓰기 상자를 가지고 있다. 나는 이야기에 쓸 사진을 고를 수 있다.

3단계

내 이야기를 읽는 사람들은 사진에 있는 사람이 누구이고, 사진을 어디서 찍은 것인지 알고 싶어 한다. 이것은 내 이야기의 좋은 시작 부분을 만들어 준다. 나는 내 이야기의 시작 부분을 쓰려고 노력할 것이다.

4단계

내 이야기를 읽는 사람들은 사진 속의 사람이나 동물이 무엇을 하는지 알고 싶어 한다. 이것은 내 이야기의 좋은 중간 부분을 만들어 준다. 나는 내 이야기의 중간 부분을 쓰려고 노력할 것이다.

5단계

내 이야기를 읽는 사람들은 내 이야기가 어떻게 끝나는지 알고 싶어 한다. 그들은 마지막에 무엇이 일어나는지 알고 싶어 한다. 내 이야기는 결말 부분이 필요하다. 나는 내 이야기의 결말 부분을 쓰려고 노력할 것이다.

사실인 이야기는 실제로 일어난 것에 관한 이야기다. 앞의 다섯 단계를 따르면 이야기를 쓰는 것이 더 쉬워질 수 있다. 나는 주인공과 시작, 중간, 결말 부분이 있는 이야기를 쓰려고 노력할 것이다.

이야기 #130

나의 활동을 마치는 괜찮은 방법들

내 이름은 브랜든이다. 나는 링컨 학교에 다니는 훌륭한 학생이다. 보통 학생들은 자신이 해야 할 활동을 끝마치는 것이 중요하다.

한 가지 방법

활동을 마치는 한 가지 방법은 한 번에 그것을 끝마치는 것이다. 이것은 학생이 활동을 시작한 후 계속해서 그것을 끝마친다는 뜻이다. 그러고 나서 그 학생은 다른 활동을 시작한다.

학생들은 자주 다른 방식으로 활동해야 한다

학교 시간표는 많은 활동들로 가득 차 있다. 때때로 학생들이 활동을 다른 방식으로 마치는 것이 가장 좋다. 어른들은 다른 방식을 써도 되는지 결정한다.

다른 방식으로 활동을 마치기

- 학생들은 활동을 시작한다. 그러고 나서 그들은
- 가서 다른 것을 한다. 그리고
- 그것을 끝마치기 위해 돌아온다.

활동을 시작한다 / 가서 다른 것을 한다 / 그것을 끝마치기 위해 돌아온다

대체로 학생들에게는 활동을 끝마치는 것이 중요하다. 활동을 끝마치는 데는 한 가지 방법과 또 다른 방법, 두 가지 방법이 있다. 매일 등교할 때마다 어른들은 어떤 방법이 괜찮은지 결정한다.

이야기 #131

모둠 과제를 위한 적절한 질문들

질문은 배움의 중요한 부분이다. 학생들이 같이 활동할 때 무엇이 적절한 질문인가?

헤일리 선생님 반은 작은 모둠으로 나뉘어 있다. 각 모둠은 공부할 도시를 고를 것이다. 이 과제에 적절한 질문은 무엇인가?

적절한 질문은 생각을 제안하고 동시에 다른 사람들의 생각을 물을 수 있다. 이것의 한 가지 예는 다음과 같다. "나는 오하이오에 있는 콜롬버스에 관한 조사를 하고 싶어. 우리가 다른 어떤 도시들을 공부할 수 있을까?"

적절한 질문은 다른 사람들을 참여하게 할 수 있다. 이것의 한 가지 예는 다음과 같다. "재커리, 너는 샌디에이고에 갔었지? 거기는 우리 목록에 포함시킬 수 있는 좋은 도시니?"

적절한 질문은 다른 사람들이 하고 있는 것에 흥미를 보여 줄 수 있다. 이것의 한 가지 예는 다음과 같다. "잭슨, 나는 네가 그린 시내 지도가 좋아. 네가 우리 과제를 위해 시내 지도를 그려 줄 수 있겠니?"

적절한 질문은 생각에 세부사항을 더하는 데 도움이 될 수 있다. 이것의 한 가지 예는 다음과 같다. "잭슨, 우리 도시에 있는 길거리 중 하나를 3차원 그림으로 그리는 것에 대해서 어떻게 생각해?"

적절한 질문은 학생들이 문제를 해결하는 것을 도와준다. 그것의 한 가지 예는 다음과 같다. "잭슨, 달라가 시내 지도를 그리고 싶어 해. 달라가 지도를 그리면 네가 길거리 중 하나를 3차원 그림으로 그릴래? 그러면 네 시간이 절약될 거야." 때때로 어른의 도움을 받아서 해결책을 찾을 필요가 있을 수 있다.

적절한 질문은 다른 사람으로부터 도움을 받을 수 있게 한다. 이것의 한 가지 예는 다음과 같다. "나는 그 보고서를 계속 쓰고 싶어. 하지만 도움이 필요할 것 같아. 누가 도와줄 수 있니?"

학생들이 모둠으로 공부할 때 적절한 질문은 다른 학생들을 도와서 생각을 같이 나누거나 문제를 해결하게 한다.

이야기 #132

비상사태란

우리 학교에 있는 사람들은 무엇을 할지 알고 있다

가끔 학교에 비상사태가 있을 수 있다. 비상사태는 위험하고, 때때로 전혀 예상하지 못한 상황이다. 비상사태 시 사람들은 곧바로 행동할 필요가 있다.

학교의 비상사태에는 여러 종류가 있다. 한번은 켄드라가 운동장에서 넘어져서 팔이 부러졌다. 그것은 비상사태였다. 번스 선생님은 켄드라를 즉시 도왔다. 그는 어떻게 할지 알고 있었다. 켄드라는 이제 괜찮다.

다른 때는 카이저 선생님 반의 니콜라스가 매우 아팠다. 아무도 그럴 거라고 예상 못했다. 오전 내내 니콜라스는 멀쩡했다. 갑자기 그 애가 아팠다. 카이저 선생님은 즉시 도움을 청했다. 구급차가 니콜라스를 병원에 데려갔다. 이제 니콜라스는 괜찮다.

화재와 태풍은 매우 큰 학교 비상사태다. 이와 같은 비상사태에서는 학교 모두가 무엇을 할지 알 필요가 있다. 모두 동시에 즉시 행동해야 한다. 우리 학교에서는 불 난 적이 없었다. 태풍이 휘몰아친 적도 없었다. 화재나 태풍이 몰아치면, 그래도 학교에 있는 모든 사람은 무엇을 할지 알고 있다.

가끔 학교에 비상사태가 있을 수 있다. 그럴 때 우리 학교에 있는 사람들은 무엇을 할지 알고 있다.

이야기 #133

대피훈련은 무엇인가

비상 시에는 사람들이 즉시 행동하는 것이 중요하다. 비상 시 사람들이 무엇을 할지 아는 것은 중요하다. 대피훈련은 사람들이 비상 시에 대비하도록 도와준다. 대피훈련은 무엇인가?

대피훈련은 매번 똑같이 최상의 방식으로 행해지는 연습이다. 대피훈련은 사람들이 실수를 거의 안 하도록 도와준다.

큰 비상사태 시 사람들이 무엇을 해야 하는지 아는 것은 매우, 매우, 매우 중요하다. 이것은 모두를 안전하게 지키는 데 도움이 된다. 이런 이유로 많은 사람들은 큰 비상사태에 대비해 연습하는 대피훈련을 한다. 소방관, 경찰관, 의사, 간호사, 그리고 학교에 있는 사람들은 비상사태에 대비하기 위해 대피훈련을 한다.

대피훈련은 매번 똑같이 최상의 방식으로 행해지는 연습이다. 연습을 통해 사람들은 큰 비상사태에서 무엇을 하는 것이 최선인지 알게 된다. 사람들은 그들이 연습할 수 있도록 대피훈련을 이용한다. 그런 식으로 그들은 큰 비상사태에 대비한다.

이야기 #134

교장 선생님이 대피훈련을 수업 시간표에 집어넣는 이유

대부분 학교 건물은 안전한 곳이다. 아주 가끔씩 우리 학교에 큰 비상사태가 있을 수 있다. 학교 화재나 태풍은 큰 비상사태다. 매해 몇 번씩 교장 선생님은 우리가 화재나 태풍이 있을 때 무엇을 할지 훈련시키는 대피훈련을 수업 시간표에 집어넣는다.

대피훈련은 매번 똑같이 최상의 방식으로 이루어지는 연습이다. 화재 시에 바로 행동하는 것은 중요하다. 정확하게 무엇을 해야 하는지 아는 것은 사람들이 침착하고 안전하게 있는 데 도움이 된다. 대피훈련 동안 모든 것은 정말 안전하고 괜찮다. 그때가 비상사태를 대비해 연습하는 최상의 시간이다.

우리 교장 선생님은 대피훈련을 수업 시간표에 넣는다. 우리 교장 선생님은 언제 훈련을 해야 하는지 알고 있다. 우리 학교의 사람들은 대부분 언제 화재나 태풍에 대비한 대피훈련이 있을지 모른다. 언제인지를 모르는 것은 대피훈련의 일부다. 화재나 태풍이 대개는 예상할 수 없기 때문에 우리가 그런 식으로 연습하는 것은 중요하다.

학교에 등교하면 사람이 많다. 언젠가는 학교에서 태풍이나 화재가 있을 수 있다. 각자 무엇을 할지 아는 것은 중요하다. 그렇게 되려면 연습이 필요하다. 그래서 교장 선생님은 대피훈련을 수업 시간표에 넣는다.

이야기 #135

학교에서의 화재 대피훈련

학교는 안전한 장소다. 하지만 아주 가끔은 학교에서 화재가 발생할 수 있다. 이럴 때는 모두 침착하게 빨리 그리고 안전하게 동시에 건물을 빠져나가는 것이 매우 중요하다. 이것은 연습이 필요하다. 그래서 교장 선생님들은 화재 대피훈련을 수업 시간표에 넣는다.

화재 대피훈련 동안 학교에 있는 모든 것은 안전하고 괜찮다. 그때가 선생님들과 학생들이 학교 건물을 빠져나가는 연습을 하는 바로 최고의 시간이다.

대피훈련은 매번 똑같이 최선의 방식으로 행해지는 연습이다. 화재 대피훈련 시 각 학급에서 학교 건물 밖으로 빠져나오는 각자의 길이 있다. 이것은 사람들이 서로 부딪히지 않게 해 준다. 정해진 경로는 화재가 일어나면 모두가 건물을 침착하고, 빠르고, 안전하게 빠져나오는 것을 돕는다.

일단 밖으로 나가면 모든 학급에게는 정해진 안전지대가 있다. 이곳에서 그들은 멈춰 서서 모두 건물을 빠져나왔는지 숫자를 센다. 그러고 나서 교실로 다시 돌아가는 상황종료 신호를 기다린다.

보통 매년 한 번 이상의 화재 대피훈련이 있다. 매번 각 학급은 학교 건물을 똑같은 방식으로 빠져나간다. 그들은 학교 밖에 있는 똑같은 장소로 이동한다.

대부분 학교는 항상 안전하다. 하지만 아주 가끔은 학교에 화재가 일어날 수 있다. 화재 대피훈련은 선생님과 학생들에게 연습을 통해 모두 건물 밖으로 침착하고, 빠르고, 안전하게 빠져나가는 방법을 알게 한다.

이야기 #136

학교에 화재경보기가 있는 이유

모든 학교에는 화재경보기가 있다. 화재경보기는 안전장치다. 우리 학교에는 화재경보기가 있다.

화재경보기는 매우 특별한데, 크고 불편한 소리를 낸다. 이것은 모든 사람의 주의를 집중시킨다. 그것은 화재 대피훈련을 시작하는 데 사용된다. 그것은 또 건물 어딘가에 화재가 일어나면 사용된다.

화재경보가 울리면 즉시 건물 밖으로 빠져나가라는 뜻이다. 학교에 있는 모든 사람은 화재경보가 울리면 건물 밖으로 빠져나가 안전장소로 이동할 때라는 것을 안다.

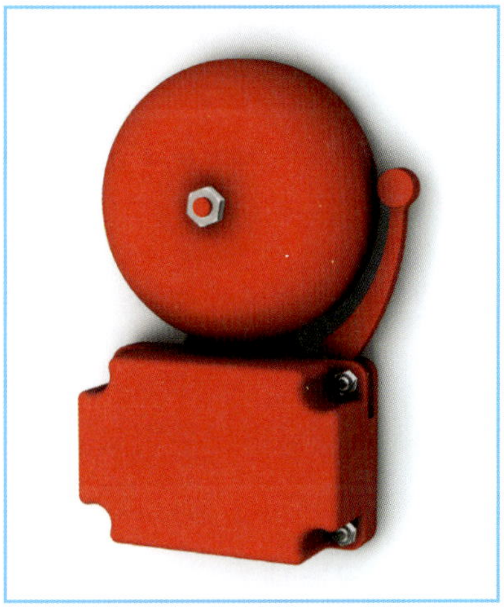

화재경보기들은 우리 학교에 있는 화재경보기와 같이 항상 불편한 소리를 낸다. 그것이 왜 그렇게 만들어졌고, 무엇을 의미하는지 알아도 화재경보기를 더 조용하게 만들 수는 없다. 그래도 화재경보기가 모든 학교에 왜 있는지는 이해할 수 있다.

이야기 #137

태풍 대피훈련에 대해서

대부분의 날씨는 사람들에게 안전하다. 하지만 아주 가끔씩 혹독한 날씨가 있다. 혹독한 날씨에 사람들이 안전하게 있으려면 종종 특별한 조치가 필요하다. 태풍은 매우 혹독한 날씨다.

학교에는 많은 사람들이 있다. 태풍이 있을 때 모든 사람을 더 안전한 장소로 이동시키는 것은 중요하다. 태풍 대피훈련은 어른들과 아이들이 학교에서 더 안전한 장소로 이동하는 방법을 훈련하는 것이다.

태풍 대피훈련은 시끄럽고 특이한 소음으로 시작한다. 그것은 크고 특이한 소음이어서 아무도 그것을 다른 경보와 혼돈하지 않는다. 예를 들면, 쉬는 시간에 울리는 종소리 같은 것을 말한다. 어른들과 아이들은 경보 소리를 들으면 학교에서 더 안전한 장소로 이동할 시간이라는 것을 안다.

태풍 대피훈련에서 실제로 태풍은 일어나지 않는다. 더 안전한 장소로 침착하고 빠르게 움직이는 연습을 하는 시간이다. 언젠가 태풍이 불면 똑같이 시끄럽고 독특한 소음이 울릴 것이다. 태풍 대피훈련이 끝나면 모두 학교를 마친다.

우리 학교는 태풍 대피훈련을 할 것이다. 우리는 태풍이 불면 무엇을 할지 연습할 것이다. 이를 통해 언젠가 태풍이 불면 모두가 무엇을 할지 알게 될 것이다.

11

지구 별

이야기 #138

그것이 지구 별에서의 삶이다

나는 지구 별에 살고 있다. 모든 사람은 나와 함께 지구 별에 산다. 지구 별은 우리의 '고향'인 행성이다. 거의 모든 사람이 공통으로 가지는 경험들이 있다. 이런 경험들은 여기 지구 별에서의 삶의 일부다.

사람들은 아침에 일어난다. 때때로 사람들은 아침에 일어나는 것이 행복하다. 어떤 때는 더 자고 싶어 할 수도 있다. 그것이 지구 별에서의 삶이다.

사람들은 집에서 산다. 때때로 모든 것이 잘 돌아가지만 어떤 것은 고칠 필요가 있다. 그것이 지구 별에서의 삶이다.

사람들은 종종 다른 곳에 간다. 때때로 사람들은 제시간에 정확하게 도착한다. 어떤때는 늦게 도착한다. 어떤 때는 일찍 도착한다. 그것이 지구 별에서의 삶이다.

사람들은 실수를 한다. 때때로 사람들은 큰 실수를 한다. 때때로 사람들은 작은 실수를 한다. 그것이 지구 별에서의 삶이다.

지구 별에서의 모든 사람에게는 다음과 같은 일이 일어날 법하다.

- 아침에 일어나는 것이 행복할 때가 있고, 어떨 때는 더 자고 싶다.
- 모든 일이 잘 돌아가는 날이 있고, 어떤 날은 무엇인가 고쳐야 한다.
- 사람들이 약속시간에 정시에 도착할 때가 있고, 늦을 때가 있고, 일찍 도착할 때가 있다.
- 사람들은 큰 실수, 작은 실수를 한다. 그것이 지구 별에서의 삶이다.

나도 지구 별에 사는 사람이기 때문에 다음과 같은 일이 일어날 법하다.

- 아침에 일어나는 것이 행복할 때가 있고, 어떨 때는 더 자고 싶다.
- 모든 일이 잘 돌아가는 날이 있고, 어떤 날은 무엇인가 고쳐야 한다.
- 내가 약속시간에 정시에 도착할 때가 있고, 늦을 때가 있고, 일찍 도착할 때가 있다.

나는 큰 실수, 작은 실수를 한다. 그것이 지구 별에서의 삶이다.

이야기 #139
지구 별을 나누어 쓰기

사람들은 지구 별에 살고 있다. 사람들은 지구 별을 나누어 쓴다. 어떤 때는 잘 나누어 쓴다. 때로는 사람들이 지구 별을 나누어 쓴다는 것이 더 힘들 때가 있다.

지구 별에 있는 사람들은 어떤 것들은 쉽게 나누어 쓴다. 낮과 밤이 한 예다. 지구 별에서의 한 편이 낮일 때, 다른 편은 밤이 된다. 지구 별에서의 어떤 사람들은 햇빛을 많이 받을 때가 있고, 다른 사람들은 훨씬 적게 받을 때가 있다. 그런 이유로 햇빛과 밤이 공평하지 않지만 사람들은 그것에 별 문제가 없는 듯 여긴다. 계절이 또 다른 예다. 지구 별에서의 한 쪽이 여름일 때, 다른 어딘가는 가을이 된다. 많은 사람들은 여름을 사랑한다. 그리고 지구 별에는 여름이 다른 계절보다 훨씬 긴 지역도 있다. 사람들은 이것도 별 문제가 아니라고 여기는 듯하다.

태양이나 계절이 정말로 크고 중요하지만, 사람들은 거기에 대해 많은 생각을 하지 않고도 쉽게 나누어 쓴다. 때때로 부모님은 아이들에게 '나누어 쓰는 법을 배울 필요가 있단다.' 라고 말할 때가 있다. 이것은 완전히 사실은 아니다.

아이들은 햇빛과 계절을 부모님만큼 쉽게 나누어 쓴다. 여기 한 이론이 있다. 사람들이 소유할 수 없는 것, 또는 일상생활의 일부분인 것을 나누는 것이 더 쉽다는 것이다.

지구 별에서의 사람들은 다른 것들을 나누기 위해 함께 생각하고 도와야 한다. 여기에는 어른들도 포함된다. 나누어 쓰기 더 어려운 것들의 목록은 이 책 전체보다 훨씬 더 길다. 여기 여섯 가지 예가 있다. 즉, 돈, 초코우유 볼, 기름, 텔레비전, 마카로니와 치즈, 이웃 사람들이다. 이 목록에 있는 것들은 태양보다 더 작고 계절보다 덜 중요할 수 있다. 그러나 그것은 나누어 쓰기 더 어렵다.

여기 다른 이론이 있다. 즉, 사람들에게 제한된 물량은 나누어 쓰기가 더 힘들다는 것이다. 때때로 어른들조차 그와 같은 것들을 나누어 쓰는 것에 대해 생각해야 한다. 그들은 아이들에게도 나누어 쓰는 것을 가르치려고 애쓴다.

사람들은 지구 별에서 산다. 사람들은 지구 별을 나누어 쓸 필요가 있다. 때때로 사람들은 쉽게 나누어 쓴다. 어떨 때는 나누어 쓰는 것에 대해 생각해야만 한다. 나누어 쓰는 것은 지구 별에서 사는 어른들과 아이들의 삶의 일부다.

이야기 #140

나는 비행기를 탈 것이다

내 이름은 조단이다. 엄마, 아빠는 내가 곧 그들과 함께 비행기를 탈 거라고 말했다. 이 말은 내가 비행기를 타고 갈 것이라는 뜻이다.

비행기를 타고 여행하는 것에 관해 알 것이 많다. 나에게 도움이 될 여러 가지 이야기들이 있다.

나는 곧 비행기를 탈 것이다. 사람들은 아마도 나에게 '좋은 비행되세요!'라고 말할 것이다.

이야기 #141

승무원들은 누구인가

모든 비행에는 승무원이 있다. 대부분의 승무원들은 기장, 부기장, 그리고 한 명 이상의 객실 승무원이 있다. 그들은 제복을 입는다. 그래서 승객들은 그들이 승무원인 것을 안다.

기장이나 부기장은 비행기를 조종한다. 그들은 비행기를 조종하는 것을 배우기 위해 공부하고 연습했다. 기장과 부기장은 비행기 앞 편에 있는 조종석에서 일한다. 비행기를 조종하고 승무원들을 이끄는 것이 그들의 일이다.

객실 승무원들은 객실에서 일한다. 그들은 승객들을 안전하고 편안하게 하는 법을 배우고 연습했다. 객실에는 작은 부엌이 있고, 한 개 이상의 화장실이 있고, 승객들의 좌석이 있다.

승무원들은 승객들을 편안하고 안전하게 하려고 일한다.

이야기 #142

비행기에서 승객들은 누구인가

많은 비행기는 승객들을 나른다. 승객은 비행기에 탈 티켓을 가지고 있는 사람이다. 승객이 나 같은 어린이일 수 있다. 또는 승객이 우리 할머니, 할아버지처럼 나이가 많은 어른일 수도 있다. 때때로 아기나 이제 막 걷는 어린아이일 수도 있다.

승객들은 비행기를 조종하는 법이나 모든 사람을 편안하게 하는 법을 알 필요가 없다. 그렇지만 승객들이 기장이나 객실 승무원들의 지시사항을 듣는 것은 중요하다. 비행기에서 지시사항을 따르는 것에 관한 법이 있다는 것은 중요하다. 이것은 기장이나 객실 승무원들을 모두 안전하게 지키도록 돕는다.

나도 비행기에서 승객일 수 있다. 내가 승객일 때 나는 아기들, 이제 막 걷는 어린아이들, 어린이들, 그리고 어른들이 나와 함께 승객인 것을 볼 수 있다. 우리 모두 비행기에 탈 티켓을 가지고 있는 것이다.

이야기 #143

'검색대를 지나는 것'은 무슨 뜻인가

승객들과 승무원들을 비행기에서 안전하게 지키는 것은 매우 중요하다. 검색대를 지나는 것은 비행 중에 문제가 될 만한 물건들이나 승객들을 찾는 데 도움이 된다. 그것이 모든 승객과 승무원들이 비행기를 타기 전에 검색대를 거쳐야 하는 이유다.

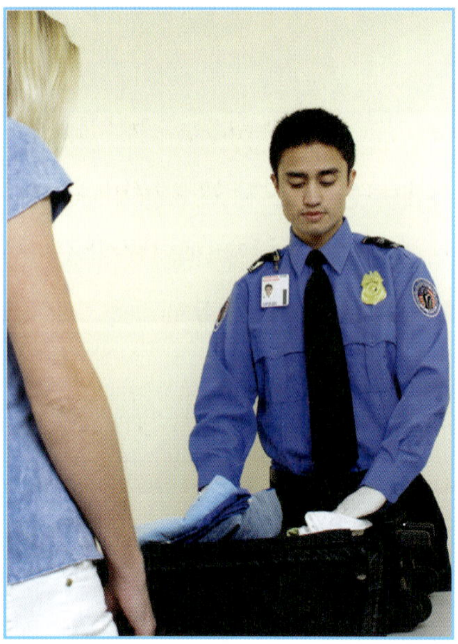

모든 사람이 검색대를 지나도록 돕는 공항 직원들이 있다. 이들은 잘 협조하는 사람들에게는 친절하고, 그렇지 않은 사람들에게는 갑자기 멈추게 한다. 그 이유는 그들이 사람들을 돕는 동시에 문제가 되는 사람들과 물건들을 찾고 있기 때문이다.

문제를 찾아내는 것은 승무원들과 승객들이 비행기에 탄 후에 발견하는 것보다 더 빨리 이루어져야 한다. 검색대를 거치는 것은 문제를 발견하는 한 가지 방법이다. 공항 직원들은 매우 중요한 일을 한다. 협조적인 승객들은 모두 '검색대를 지나는 것'을 돕는다. 그래야만 비행기에 탈 수 있다.

이야기 #144

검색대를 지나는 데 필요한 지시사항

검색대를 지날 때 지시사항을 따르는 것은 매우 중요하다. 대부분의 사람들은 검색대를 지나는 것을 별로 좋아하지 않는다. 그것은 비행기에 타려면 반드시 해야 하는 일일 뿐이다.

이것들이 검색대를 지나는 데 필요한 지시사항이다.

- 검색대에 사람들이 줄을 서서 차례를 기다린다.
- 공항 직원이 너에게 무언가를 하라고 말한다면 그것은 목록에 없지만 해야 하는 일이다.
- 비행기 탑승권과 여권을 첫 번째 직원에게 보여준다.
- 신발과 가방을 검색하는 기계를 통과하도록 이동벨트에 올린다.
- 지시한 대로 플라스틱 통에 다른 것들도 놓는다.
- 검색대를 통과해서 걷는다.
- 물건들을 다시 찾고 신발을 신는다.

검색대를 지나는 데 필요한 지시사항을 따르면 공항 직원이 문제가 되는 승객들과 물건들을 찾는 데 도움이 된다. 이것은 모두를 안전하게 지키는 데 도움이 된다.

이야기 #145

엄마, 아빠 그리고 공항 검색대

때때로 엄마, 아빠는 공항에서 검색대를 지날 때 심각해지거나 스트레스를 받는다. 아이들이 왜 그렇고, 부모님이 검색대를 지날 때 무엇을 생각하거나 느끼는지 알면 도움이 된다.

첫째, 아이들을 동반한 가족이 검색대를 지나는 것은 조금 더 어렵다. 가족여행이라면 가져가야 할 물건들이 더 많다. 이 물건들은 아이들과 여행하는 것을 더 쉽고, 즐겁게 해 준다. 그렇지만 검색대를 지나는 것은 약간의 스트레스를 줄 수 있다. 어떤 물건들은 포장되지 않은 채로 검색대 위에 올려진다. 엄마, 아빠는 모든 물건이 검색대를 잘 통과할지 걱정한다. 그리고 검색대를 지난 후, 물건들을 다시 쌀 때 무엇을 잃어버리지 않을지 걱정한다. 그리고 가장 중요한 것은 아이들을 놓치지 않는 것이다. 부모는 짧은 시간에 할 일이 많다.

둘째, 특히 줄이 길면 부모는 아이들이 잘 협조하고 규칙을 따르기를 바란다. 엄마, 아빠는 뒤에서 기다리고 있는 사람들을 생각하기 시작하면, 더 스트레스를 받는다. 그 이유는 부모들은 다른 사람들이 빨리 검색대를 지나기를 바라는 것을 알고 있기 때문이다. 때때로 부모들은 아이들이 더 빨리 지나가도록 애쓸 수 있다. 그러나 아이들은 이동 벨트나 검색 기계와 같은 흥미로운 것들에 정신이 팔릴 수 있다.

검색대를 지나는 가족은 다른 사람들보다 조금 더 느리다. 때때로 엄마, 아빠는 심각해지거나 스트레스를 받는 것처럼 보일수 있다. 부모님이 왜 이런 식으로 느끼는지 아는 것은 아이들에게 좋은 정보다.

이야기 #146

공항 직원이 말하고 뜻하는 것

검색대를 통과할 때, 공항 직원은 질문을 한다—또는 사람들에게 무엇을 하라고 한다. 공항 직원은 아주 가끔이거나 그보다 자주 어떤 사람에게 무엇을 하라고 말하기 위해 질문을 할 수 있다. 그것은 약간 혼란스러울 수 있다. 공항 직원은 문제가 되는 물건들과 사람들을 찾을 때 예의 바르게 하고 싶어 하기 때문에 이렇게 한다. 이것은 대답이 필요 없는 질문이다. 지시를 하는 질문들이다. 사실 지시를 내리는 질문들에 대해 알면 승객들은 그 때 적절한 행동을 하는 데 도움이 된다.

여기 몇 가지 예들이 있다.

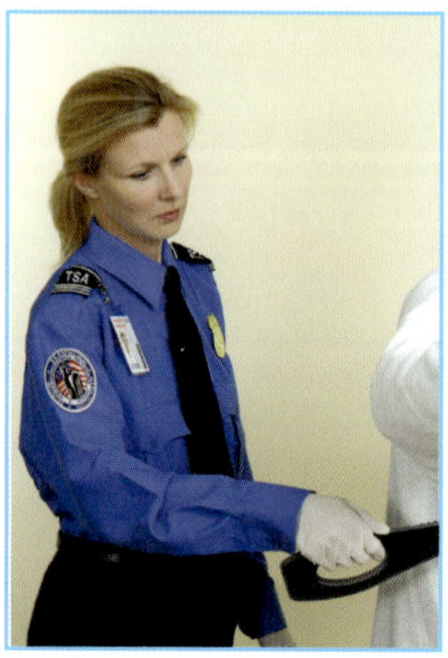

- 공항 직원이 '탑승권을 볼까요?'라고 말할 수 있다. 이 말은 지금 탑승권을 보여 줘야 한다는 뜻이다.
- 공항 직원이 '가방 안을 볼까요?'라고 말할 수 있다. 이 말은 나는 가방 안을 볼 필요가 있다. 만약 네가 '거절'하면 탑승을 못 할 수 있다라는 뜻이다.
- 공항 직원이 '벨트를 풀고 검색대로 다시 걸어 가실래요?'라고 할 수 있다. 이 말은 벨트를 풀고 다시 검색대를 통과하라는 뜻이다.

공항 직원들은 매우, 매우 진지한 일을 하는 동안 친절하려고 애쓴다. 이것이 선택할 수 없는 지시사항을 내리면서 친절한 질문을 사용하는 이유라는 것을 알면 모두 좀 더 쉽게 검색대를 통과하는 데 도움이 된다.

이야기 #147

이동식 탑승교의 줄은 때때로 느릴 수 있다

비행기는 공항에 착륙하고 이륙한다. 탑승교는 많은 경우에 비행기에서 공항으로 연결하는 데 사용된다. 사람들은 비행기에 오를 때 탑승교로 걸어 들어간다. 때때로 승객들은 탑승교 안에서 멈추거나 기다릴 필요가 있다. 왜 그런지 알면 사람들이 차분해지는 데 도움이 된다.

여객기에는 많은 좌석이 있다. 이것은 비행기에서 각 사람이 앉을 자리다. 사람들이 걸어갈 공간이 충분히 남아 있지 않다. 50명, 100명, 또는 그 이상의 사람들이 비행기에 오르면 비행기는 쉽게 꽉 찬다. 탑승교로 들어가는 긴 줄이 만들어진다.

그러는 동안 다른 승객들은 벌써 비행기에 타서 자리에 앉았다. 때때로 사람들은 외투를 벗고, 짐을 올리고, 다른 승객들을 도와야 한다. 특히 사람들이 많을 때는 이 모든 것에 시간이 걸린다.

탑승교의 줄은 때때로 느릴 수 있다. 탑승교의 줄은 멈췄다가 움직이고, 또 멈췄다가 움직인다. 따라서 많은 사람들이 짐과 가방을 한쪽 복도에 내려놓고 자리에 앉는 것이 가장 빠른 방법이다.

대부분의 승객들은 길게 늘어선 탑승교 줄에 서 있는 것보다 자기 자리에 앉아 있는 것을 선호한다. 그들은 약간 불편하고 혼란스러움을 느낄 수 있다. 이때는 차분하려고 애쓰는 것이 중요하다. 때때로 생각하는 것이 도움을 줄 수 있다. 승객들은 이것은 200명의 사람들이 비행기에 오르기 때문에 일어나는 일이다, 또는 곧 줄이 다시 움직일 것이다, 또는 내가 자리에 앉아 있는 동안 다른 사람들이 기다려 줄 것이다라고 생각할 수 있다. 탑승교에서 차분하려고 생각하는 것은 똑똑한 행동이다.

나도 비행기에 오르려면 탑승교를 이용해야 한다. 많은 사람이 있으면 줄은 천천히 움직일 수 있다. 나도 포함된 채 줄 서 있는 사람들은 가끔씩 서고 기다릴 필요가 있을 수 있다. 그래도 괜찮다. 나는 차분하게 있기 위해서 생각하려고 애쓸 것이다. 이것은 나를 위한 똑똑한 행동이고, 내 주변의 승객들에게 도움이 된다.

이야기 #148

부모는 중요한 승객이다

부모는 중요한 승객이다. 그들은 기장과 객실 승무원을 돕는다.

부모는 중요한 어른 승객이다. 그들은 지시사항에 귀를 기울여서 아이들이 지시사항을 따르도록 돕는다.

그것이 우리 엄마, 아빠가 나에게 비행기에서 화장실을 이용하려면 기다리라고 말하거나 좌석에 앉아 있으라고 말하는 이유다. 기장이나 객실 승무원으로부터 내려오는 지시사항을 따르는 것은 그들의 일이다.

부모는 중요하다. 그들은 승무원의 지시사항들을 따른다. 이것은 기장과 승무원들이 안전하고 편안한 비행이 되도록 하는 데 도움이 된다.

이야기 #149

아이들은 중요한 승객이다

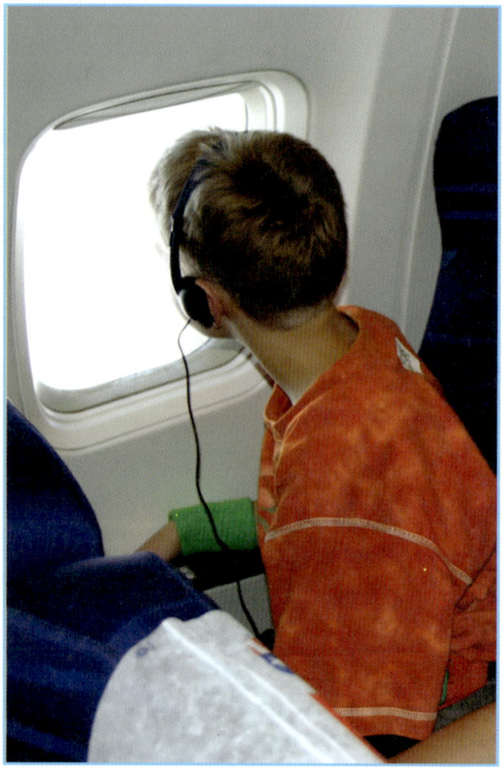

아이들은 때때로 비행기에 탄 모든 사람이 안전하고 기쁜 여행이 되도록 돕는다. 부모 말을 잘 듣고, 지시사항을 따르려고 노력하는 것은 아이들이 도움을 주는 하나의 방식이다.

나는 비행기를 탈 때 엄마, 아빠를 도우려고 애쓸 것이다. 그들은 내게 규칙에 대해 말해 줄 수 있다. 나는 귀 기울여 듣고, 규칙을 따르려고 애쓸 것이다. 엄마, 아빠, 그리고 내 주위에 있는 모든 사람은 내가 비행기 안에서 규칙을 따르면 기뻐할 것이다.

기장들은 제일 먼저 사람들이 안전벨트를 풀거나 돌아다녀도 되는지 결정한다. 엄마, 아빠는 그다음에 결정할 수 있다.

기장들은 사람들이 좌석을 떠나도 되는 때를 결정한다. 모든 비행기에는 조그만 안전벨트 그림이 있다. 그것에는 불이 들어온다. 내가 비행기에 있을 때 엄마, 아빠는 안전벨트 표시등이 어디에 있는지 내게 보여 줄 수 있다. 각각의 좌석줄에는 작은 안전벨트 표시가 있다.

기장은 안전벨트 표시등을 켜거나 끈다. 안전벨트 그림에 불이 들어오면 모두 벨트를 매야 한다. 그것이 법이다.

나는 부모님의 말씀을 귀 기울여 듣고, 지시사항을 따르려고 애쓸 것이다. 그것은 모두에게 안전하고 편안한 비행이 되도록 도울 것이다.

이야기 #150

비행기는 제시간에 떠나는가

대부분의 비행은 시간을 지킨다. 어떤 비행은 시간이 지연된다. 어떤 비행은 취소된다. 이런 일은 비행기로 여행할 때 발생한다.

대부분의 비행은 시간을 지킨다. 시간을 지킨다는 뜻은 모든 것이 비행기가 정해진 시간에 운행하는 데 안전하다는 뜻이다.

어떤 때는 비행이 지연된다. 그것은 비행기의 이륙이나 착륙이 더 늦어진다는 것을 의미한다. 그래도 괜찮다. 때때로 비행기가 비행할 준비가 된 것을 확인하는 데 시간이 더 걸릴 수 있다.

어떤 때는 비행이 취소된다. 이것은 비행기가 계획된 대로 이륙하지 않을 것이라는 뜻이다. 이런 일이 있을 때 승객들은 종종 다른 비행기를 탄다.

대부분의 비행은 시간을 지킨다. 어떤 비행은 시간이 지연된다. 어떤 비행은 취소된다. 이런 일은 비행기로 여행할 때 발생한다. 그것이 지구 별에서의 삶이다.

이야기 #151

왜 어떤 비행은 지연되는가

비행기는 비행하는 동안 어떨 때라도 지연될 수 있다. 비행기는 승객들이 타기 전에 지연될 수 있다. 비행기는 승객들이 탑승한 후에 지연될 수 있다. 때때로 비행기는 비행 중에도 지연될 수 있다. 어떤 때는 비행기가 착륙한 후에 지연될 수 있다. 비행하는 동안 비행기가 지연되는 것이 한 번 이상일 때도 있다.

비행기가 지연되는 데는 많은 이유가 있다. 어떤 것을 고쳐야 할 필요가 있을 수 있다. 폭풍이 있을 수 있다. 승무원이 휴식을 취할 필요가 있을 수 있다. 이륙하기 위해 기다리는 비행기들이 있을 수 있거나 착륙하기 위해 공중에서 기다리는 비행기가 있을 수 있다. 비행기가 지연되는 데는 또 다른 이유들도 있을 수 있다.

처음에는 많은 승객들이 비행기가 지연될 때 조금 실망하거나 혼란을 느낄 수 있다. 그러나 이런 부정적인 감정들이 오래 가지는 않는다. 승객들은 지연되는 비행이 비행기 안에 있는 모든 사람을 안전하게 지키기 위한 조치라는 것을 알고 있다. 그것을 알면 승객들이 잘 참고, 차분하고, 다시 편안해지는 데 도움이 된다.

비행은 지연될 수 있다. 그러는 데는 많은 이유들이 있다. 종종 비행기가 지연되는 것은 비행기의 안전을 지키는 데 도움이 된다.

이야기 #152

우리 집 옆에 산불이 났다

우리 집 옆으로 산불이 점점 가까워지고 있다. 이것은 이 이야기를 매우 중요하게 한다.

불은 타면서 불꽃, 열, 빛이 발생한다. 불은 도움이 될 수 있다. 불은 매우 심각한 문제도 될 수 있다. 불은 항상 위험하다. 불에 대해 알면 사람들을 안전하게 지키는 데 도움이 된다.

불은 도움이 될 수 있다. 사람들은 종종 집을 따뜻하고 편안하게 지키고, 음식을 요리하는 데 열과 에너지를 내도록 불을 사용한다. 캠핑할 때 어른들은 모닥불을 피우거나 손전등을 밝히기 위해 불을 이용한다. 많은 방식으로 불은 도움이 된다.

어른들은 불의 위험성에 대해 알고 있고, 불을 안전하게 사용하는 방법도 알고 있다. 어른들은 불을 쓸모 있게 사용하는 데 따르는 모든 규칙을 알고 따른다. 어른들은 또 불을 사용할 때 조심하는 것이 매우, 매우 중요하다는 것도 알고 있다. 그런 식으로 불은 안전하고 유용하게 통제하에 있어야만 한다.

때때로 불은 매우 크고 심각한 문제가 된다. 불은 번지고 점점 커지는 특성이 있다. 사람들이 불을 통제하려고 애쓰지 않으면 불은 순식간에 빠르게 번진다. 불이 너무 커져서 끄기가 어렵게 된다. 이런 일이 벌어지면 사람들은 소방서에 전화한다.

활활 타오르거나 이글이글 피어오르는 불을 산불이라고 부른다. 산불은 매우, 매우 크고 심각한 문제다. 그것은 너무 빨리 퍼진다. 산불은 사람들이 끄기에 매우, 매우 어렵다. 많은 경우에 소방관들은 다른 소방관들에게 산불을 끌 수 있게 도와 달라고 요청한다.

산불이 ____미터 밖에 있다. 소방관들은 산불을 잡기가 어렵다. 내 가족을 안전하고 건강하게 지키기 위해서 우리는 집을 떠나라는 요구를 받을 수 있다. 소방관들은 산불을 매우 유심히 지켜보고 있다. 그들은 우리가 집을 떠나는 것이 필요한지 아닌지 부모님에게 말할 것이다.

이야기 #153

대피한다는 것은 무슨 뜻인가

때때로 사람들은 집을 떠나서 대피하라는 말을 듣는다. 대피한다는 뜻은 비우고 떠난다는 것이다. 때때로 대피한다는 것은 중요한 것만 챙기고 나머지는 남겨 두어야 된다는 뜻이다.

집이 위험에 처했기 때문에 대피하라는 요구를 받는다. 집은 불에 위험한 것이다. 집이 탈 수 있다. 가족을 안전하게 불에서 멀리 떨어뜨려 놓는 것은 매우 중요하다. 이런 이유 때문에 가족은 집을 떠나 대피하라는 요구를 받는다. 가족은 더 안전한 장소로 가라는 요구를 받는다.

대부분의 가족은 결코 집을 떠나 대피할 필요가 없다. 아주 가끔 어떤 가족은 대피를 해야 한다. 사람들이 집을 떠나 대피하라는 말을 들을 때 그 지시를 따르는 것은 매우, 매우 중요한 것이다.

대피는 부모가 아이들을 안전하게 지키는 하나의 방식이다. 나는 우리 가족이 집을 떠나 대피할 때 도움이 될 수 있다. 나는 우리 가족을 안전하게 지키는 데 도움이 될 수 있다. 엄마, 아빠는 내가 어떻게 도움이 될지에 관한 생각들을 가지고 있을 것이다.

이야기 #154

우리가 왜 떠나야 하는가

많은 아이들은 대피에 대한 질문이 있다. 종종 그들은 왜 집을 떠나 대피해야 하는지 알고 싶어 한다. 때때로 아이들은 엄마나 아빠에게 '왜 떠나야 되죠?'라고 물을 것이다.

소방관들이 가족에게 대피하라고 할 때 사람들이 집을 떠나는 것은 매우, 매우 중요하다. 소방관들은 오랫동안 불에 대해 연구해 왔다. 그들은 불에 관해 전문가다. 소방관들은 불이 너무 가까이 오면 사람들이 집을 떠나 대피해야 할 때를 결정한다. 소방관들의 말을 듣고 지시사항을 따르는 것은 현명하다.

때때로 불이 그렇게 가까워 보이지 않을 수도 있다. 집에 있어도 괜찮은 것처럼 보일 수도 있다. 문제는 불이 통제할 수 없을 때 빨리 번진다는 것이다. 그것은 소방관들이 가족에게 아직 떠나도 안전할 때, 불이 너무 가까워 오기 전에 집을 떠나 대피하라는 이유다.

소방관들은 불이 너무 가까워질 때를 결정한다. 그들은 사람들에게 대피할 때를 말한다. 소방관이 '대피할 시간입니다.'라고 말하면 대피할 때다. 소방관의 지시사항을 따르는 것은 사람들이 안전하게 머무는 데 도움이 된다.

이야기 #155

사람들은 집 안에 있는 것을 더 좋아한다

사람들은 떠나야 하기 때문에 집을 떠나 대피한다. 그들에게 선택권이 있다면 집 안에 머물면서 평소처럼 하던 일을 할 것이다. 그들은 불이 꺼지기를 바란다. 그들은 집이 불에서 더 멀리 떨어져 있기를 바란다. 그들은 불이 통제되기를 바란다. 바란다고 불이 꺼지지는 않는다. 만약 그러면 지금쯤 불은 꺼졌을 것이다.

사람들은 어른이 되면 투덜대거나 짜증내지 않고 하고 싶지 않은 일을 해야 하는 것을 배운다. 사람들은 슬프고, 긴장되거나, 불편할 수 있다. 그러나 가족을 안전하게 지키기 위해서는 계속 생각하고 움직이는 것이 중요하다는 것을 알고 있다.

때때로 어른들은 삶이 늘 이와 같지 않다는 것을 떠올리며 기분이 훨씬 나아지는 데 도움을 받을 것이다. 그들은 불이 꺼지고 언젠가는 평소처럼 하는 것이 가능할 것이라는 것을 안다. 어른들이 '삶이 다시 평소처럼 좋아졌으면 좋겠어.'와 같이 말할 때다. 그것은 사람들이 산불이 없었던 때를 기억하고 기분이 더 나아지도록 도와준다.

엄마, 아빠가 '지금 대피해야 할 시간이야!'라고 말하면 그들의 지시사항을 따르는 것은 중요하다.

이야기 #156

저녁 뉴스

오늘 우리는 어떻게 바뀌었는가

매일 같은 시간에 저녁 뉴스는 텔레비전을 통해 방영된다. 그것은 매일 같은 시간에 앵커라고 불리는 뉴스를 보도하는, 같은 사람에 의해 시작된다. 그러나 뉴스는 항상 변화가 있다.

저녁 뉴스의 시작 부분에서 "지금 저녁 뉴스를 시작합니다." 와 같은 문구를 사용하는 앵커들이 있다. 그들은 매 방송마다 그 말을 한다. 그들은 자주 뉴스를 마치는 "이런 일이 다반사입니다." 와 같이 또 다른 문구도 쓴다.

저녁 뉴스를 보기 위해 많은 사람들이 매일 같은 시간에 같은 의자에 앉는다. 그들은 같은 채널을 본다. 같은 시간, 같은 채널, 같은 앵커, 같은 문구들, 같은 의자…….

그러나 뉴스 그 자체는 전혀 그 전날과 같지 않다. 뉴스 보도는 바뀐다.

예상되는 변화들은 대개는 뉴스거리가 아니다. 그것들은 큰 뉴스가 못 된다. 그런 보도들은 무엇과 같은가? "여기 버몬트에 가을이 왔어요. 나는 나무 앞에 서 있어요. 날씨는 어제와 같아요. 그래도 오늘 나뭇잎 몇 개가 떨어졌어요."

대부분 뉴스가 될 만한 변화들은 종종 환영할 수 없고, 예상할 수 없는 것들이다. 매우 크고 중요한 변화들이 어디에서나 저녁 뉴스거리가 된다.

여기 한 이론이 있다. 즉, 저녁 뉴스의 보도는 바뀐다는 것이다. 어떻게 뉴스가 보도되는지는 항상 거의 같다. 지구 별에서 사람들에게는 매일 뉴스가 같은 방식으로 보도되고, 변화에 대해 알게 되는 것이 매우 효과적으로 보인다.

이야기 #157

하루를 마칠 때

가끔 변화가 있지만 대부분 거의 같다

여기 한 이론이 있다. 즉, 매일 하루를 마칠 때 지구 별은 약간 변하지만 대부분 거의 같다는 것이다.

하루의 많은 변화–매일 다음과 같은 일이 일어난다.

- 216,000명의 아기들이 태어난다. 내일까지 그들은 지구 별에서 가장 최근에 태어난 사람들이다.
- 모든 사람이 매일 하루씩 나이를 먹는다.
- 모든 건물, 차, 소파, 텔레비전, 그리고 많은 다른 것들이 하루씩 더 낡아 간다.
- 많은 사람들은 위치를 바꾼다. 어떤 사람들은 차를 운전하고, 버스를 타고, 기차를 타고, 또는 다른 곳으로 가기 위해 보트를 탄다. 사람들은 다른 곳으로 가기 위해 비행을 할 수 있다. 매일 비행기 탑승객이 49,000명 정도 있다.
- 어떤 식물들은 더 크고, 어떤 식물들은 더 늙고, 어떤 나무들은 잎이 떨어진다.
- 약 2,600개의 지진이 일어나고 있다. 대부분은 매우 규모가 작거나 알아차리기 힘들다.

하루를 마칠 때, 다음 날까지 누구도 다 헤아릴 수 없을 정도로 많은 변화들이 지구 별에서 일어났을 확률이 크다.

하지만 매일 일어나는 모든 변화는 우주에서 지구 별을 내려다보면 거의 같아 보인다. 정말로 큰 변화는 많이 일어나지 않는다. 지구 별은 항상 태양 주위를 돈다. 지구 별은 늘 같이 돈다. 대양, 산, 강, 그리고 골짜기는 아주 아주 오랫동안 늘 같은 자리에 있다. 사람들은 매일 지구 별에서 새로운 지형 지도를 만들 필요는 없다!

사람들은 거의 같은 상태로 있는 지구 별에 의지한다. 이것은 사람들이 1년, 한 달, 하루를 계획하도록 돕는다. 그것은 사람들에게 내일의 삶이 어떨 것이라는 것을 대개는 알도록 돕는다. 그것은 사람들이 지구 별에서 편안하게 느끼고, 그들에게 중요한 것에 집중하도록 돕는다.

하루를 마칠 때 지구 별에 있는 모든 변화를 보면 항상 거의 같다. 이것은 많은 사람들이 매일 잠들도록 돕는다는 이론이다.

이야기 #158

아마도 나는 그것을 할 수 있을 거야

언젠가 나는 어른이 될 거야. 나는 무엇을 할까? 그것을 생각하는 것은 재미있을 수 있다.

지구 별의 자원을 아끼려는 사람들이 있다. 아마도 내가 그것을 할 수도 있다.

영화관에서 티켓을 파는 사람들이 있다. 아마도 내가 그것을 할 수도 있다.

시와 서정시를 쓰는 사람들이 있다. 아마도 내가 그것을 할 수도 있다.

라디오 방송국에서 일하는 사람들이 있다. 아마도 내가 그것을 할 수도 있다.

가르치는 사람들이 있다. 아마도 내가 그것을 할 수도 있다.

식료품 가게에서 선반에 물건을 쌓는 사람들이 있다. 아마도 내가 그것을 할 수도 있다.

질병의 치료법을 찾는 사람들이 있다. 아마도 내가 그것을 할 수도 있다.

디자인을 하고 그림을 그리는 사람들이 있다. 아마도 내가 그것을 할 수도 있다.

큰 도시에서 일하는 사람들이 있다. 아마도 내가 그것을 할 수도 있다.

야외에서 일하는 사람들이 있다. 아마도 내가 그것을 할 수도 있다.

언젠가 나는 어른이 될 것이다. 나는 무엇을 할까? 내가 그 질문에 대답할 때를 기다려 달라.

용어사전이란 무엇인가

사전은 여러 단어와 그 뜻이 가나다 순서대로 나열된 것이다. 사람들은 단어의 철자법 또는 단어를 말하는 방법을 배우기 위해, 또는 그 단어의 뜻을 찾기 위해 사전을 이용한다.

용어사전도 단어들이 가나다 순서대로 나열된 것이다. 용어사전은 그 책 속에 있는 어려운 단어들과 어구의 뜻을 묘사한다. 이것은 『자폐증 · 아스퍼거 증후군 아동을 위한 사회성 이야기 158』의 용어사전이다.

각각의 단어는 뜻을 가진다. **사전**이나 **용어사전** 같은 일부 단어들은 각각 하나의 의미를 가진다. 다른 많은 단어들은 하나 이상의 의미를 가진다. **단어**(word)라는 단어는 그것들 중 하나다. **단어**는 말로 하는 소리, 또는 뜻, 뉴스의 일부분, 짧은 발표, 또는 약속을 가진 소리의 조합을 의미하기도 한다.

때때로 사람들은 단어에 대해 알기 위해 사전이나 용어사전을 필요로 한다. 사람들은 이 책의 용어사전에 있는 **탈바꿈**(transform) 같은 단어를 이해하기 위해 도움이 필요할 수 있다. 그렇게 예측된다. 예상하다(expect)라는 단어도 이 책의 용어사전에 나오는 단어들 중 하나다. 이 용어사전에는 다른 많은 단어들과 어구가 있다.

빈도를 묘사하는 단어들과 어구에 대한 특정 부분이 용어사전 마지막에 실려 있다. 어떤 일이 얼마나 자주 일어나는지를 묘사하는 데 사람들이 사용하는 많은 단어들과 어구가 있다. 그 마지막 부분에서 **때때로**(sometimes)와 **결코**(never) 같은 단어들뿐만 아니라 **이따금**(now and then) 또는 대

체로(most of the time) 같은 어구가 묘사되어 있다. 이와 같은 다른 단어들은 이 책에서 자주 이용된다. [심지어 **자주**(frequently)라는 단어도 마지막 부분에 나온다.] 이러한 단어들과 어구는 그 뜻이 매우 비슷하기 때문에 이것들은 하나의 무리로 묘사된다.

이 용어사전에서 각각의 단어와 어구는 굵은 활자로 나열된다. 그것의 품사(品詞)는 괄호 속에 표시된다. 정의(定義)가 그다음에 나오고, 예문이 따라 나온다. 예문은 이 책에서 사용된 것이고, 고딕체로 표시된다. 예를 들어, **용어사전**이라는 단어는 다음과 같이 나타낸다.

용어사전(명사)

용어사전은 책에 나오는 어렵거나 흔히 사용되지 않는 단어들과 어구를 가나다 순으로 나열한 것이다.

예문 이 용어사전에는 다른 많은 단어들과 어구가 있다.

사람들은 이 책에 나오는 보다 어려운 일부 단어들과 어구의 의미를 찾기 위해 다음의 용어사전을 이용할 것이다.

용어사전

~것(thing, 명사)

이 책에서, ~것은 일곱 가지 의미를 가지고 있다.

~것은 어떤 실제 사물 또는 물품을 의미한다.

예문 그는 다른 많은 것들도 발명했다.

~것은 거의 어떤 주제나 생각을 의미한다.

예문 내가 이 사진들을 볼 때 나는 파티에 대해 배워 왔던 것 중에 하나를 기억한다.

~것은 어떤 활동을 의미한다.

예문 이것은 해야만 하는 것들이다.

~것은 한 사람의 옷, 장난감, 또는 개인적 물품들을 의미한다.

예문 우리는 나의 장난감과 다른 물건들 대부분을 이삿짐 상자 안에 넣을 것이다.

~것은 말하여지거나 써진 어떤 진술이다.

예문 우리는 존경심을 가지고, 같은 것을 다시 말하려고 노력한다.

~것은 어떤 사건들을 의미한다.

예문 종종 어떤 일이 생기면 사람들은 올 수 없게 된다.

~것은 우정, 관계, 사건, 또는 활동의 상황을 의미한다.

예문 그들은 곧 상황을 다시 바르게 만들기를 원한다.

~것이라는 단어의 사전적 의미는 더 많이 있다. 이 책에서 ~것이 문장 속에서 사용될 때는 앞에 열거된 의미 중 하나를 가진다.

경험(experience, 명사)

이 책에서 경험은 두 개의 의미 중 하나로 사용된다.

경험은 어떤 사람이 보거나 듣거나 또는 행동한 어떤 일이나 활동, 사건을 의미한다.

예문 사실인 이야기는 종종 경험을 묘사한다.

경험은 무엇을 하거나 기술을 연습해서 얻는 지식을 의미한다.

예문 그들은 많은 경험을 가지고 있다.

그것이 지구 별에서의 삶이다(어구)

그것이 지구 별에서의 삶이다는 거의 모든 사람이 겪는 보통 경험에 대한 묘사 다음에 주로 따라오는 어구다. 이것들은 편안하고 좋은 경험일 수 있거나, 또는 불편하거나 원하지 않는 경험일 수도 있다. 어쨌든 이것들은 지구 별에 사는 거의 모든 사람을 위한 삶의 일부다.

예문 슬픔은 불편한 감정이다. 사람들이 슬픔을 느끼는 것은 괜찮다. 사람들이 슬픔을 느낄 때 그들은 다시 행복해질 수 있는 길을 찾으려고 노력한다. 그것이 지구 별에서의 삶이다.

실수는 지구 별에서의 삶의 일부다. 그것은 옳다.

허락은 아이들이 뭔가 하고 싶은 생각을 가질 때 필요하다. 이것은 어른들이 내리는 결정이다. 때때로 아이들은 그들이 필요한 허락을 얻을 때도 있고, 얻지 못할 때도 있다. 어쨌든 그것이 지구 별에서의 삶이다!

그래도 괜찮다(어구)

그래도 괜찮다는 보통 놀랍거나 원하지 않거나 또는 불편한 상황에 대한 묘사에 뒤따르는 구다. 그래도 괜찮다는 '그런 상황을 어떤 사람이 원하지 않더라도 이야기에 묘사된 방식으로 일어날 필요가 있거나 또는 일어날 것이라는 것이다'를 의미한다. 또한 그래도 괜찮다는 '그런 상황이 놀랍거나 원하지 않거나 또는 불편한 상황일지라도 그것은 안전하다'를 의미하기도 한다.

예문 어른들도 모든 것을 알지 못한다는 것은 진실이다. 그래도 괜찮다.

나와 함께 줄서 있는 사람들은 때때로 멈추고 기다릴 수도 있다. 그래도 괜찮다.

종종 나는 부모님이 돌아오시기 전까지 보모 집에 가서 머무를 수 있다. 그래도 괜찮다.

기대되지 않은(unexpected, 형용사)

기대되지 않은은 경고 없이 갑자기 일어나는 것을 의미한다.

예문 화재와 태풍은 종종 기대되지 않은 상태에서 발생하기 때문에 그런 방식으로 연습하는 것은 중요하다.

놀라다/놀라움(surprise, 동사/명사)

이 책에서 놀라다/놀라움은 두 개의 의미 중 하나로 사용된다.

놀라다(동사)는 예상외로 생긴 어떤 일을 의미한다.

예문 아이들은 대부분의 어른들이 그들이 할 수만 있으면 '그래.'라고 말하고 싶어 한다는 것을 알면 놀랄 수 있다.

놀라움(명사)은 기대하지 않은 어떤 것, 예를 들면 어떤 말, 선물, 행동, 또는 사건을 의미한다.

예문 많은 사람들은 멋진 놀라움들이 재미있다고 생각한다.

발걸음/계단/단계(step, 명사)

이 책에서 단계는 세 개의 의미 중 하나로 사용된다.

발걸음은 어떤 사람의 발을 앞쪽이나 뒤쪽 또는 옆으로 옮기는 것을 의미한다.

예문 나는 조금씩 발걸음을 옮길 때마다 "실례합니다."를 반복해서 말했다.

계단은 올라가거나 내려갈 때 발을 두는 장소를 의미한다. 한 계단은 층을 올라가는 계단 중의 한 부분이다.

예문 예를 들면, 그들은 점심식사를 잊어버리거나, 계단을 올라가다가 발을 헛디디거나, 전화번호를 잘못 누르기도 한다.

단계는 하나의 과제를 마치거나 목표에 도달하는 일련의 행동들 중의 하나를 의미한다.

예문 우리는 지시를 따르고 함께 질문에 답하면서 단계별로 그것을 완성해 나갈 것이다.

불만스럽다/불만스러운(frustrate/frustrating, 동사)

불만스럽다는 어떤 목적에 도달하려는 것을 저지당하거나 또는 어떤 사람이 하고 싶은 것을 할 수 없게 되는 것을 의미한다.

예문 선물을 여는 것을 기다리는 것은 특히 아이들에게는 약간 불만스러울 수 있다.

사회성 이야기(social story, 명사)

사회성 이야기는 상황, 기술, 또는 개념을 묘사하는 사실인 이야기다. 사회성 이야기는 열 가지의 정의된 기준에 따라서 연구되고, 써지고, 삽화로 그려진다.

예문 캐롤 그레이의 『새로운 사회성 이야기 책』에는 많은 사회성 이야기들이 실려 있다.

예상하다/기대하다(expect, 동사)

이 책에서 예상하다/기대하다는 두 개의 의미 중 하나로 사용된다.

1. 예상하다는 미리 생각하거나 어떤 일이 아마도 생길 것이라고 추측하는 것을 의미한다.

예문 발명가로서 그는 많은 실수를 할 것이라는 것을 예상했다.

2. 기대하다는 어떤 일이 반드시 생겨야만 한다고 믿는 것을 의미한다.

예문 이따금 아이들이 악수를 할 것으로 기대된다.

예측하다(predict, 동사)

예측하다는 미리 어떤 일이 생길 것을 아는 것으로, 종종 정보에 바탕한 추측을 의미한다. 일기 예보자는 날씨를 예측하려고 노력한다.

예문 아무도 누가 다른 사람을 언제 괴롭힐지 정확히 예측할 수 없다. 아무도 누가 괴롭힐 때 무엇을 할지 정확히 예측할 수 없다.

이론(theory, 명사)

이론은 어떻게, 왜, 어떤 일이 생기는지를 묘사하는 추론이나 의견이다. 이론은 종종 어떤 사실이나 경험에 기초하지만 입증된 것은 아니다.

예문 여기 하나의 이론이 있다. 즉, 사람들에게는 그들이 소유할 수 없거나 단지 일상의 한 부분을 공유하는 것은 더 쉽다.

즐겁지 않은(unwelcome, 형용사)

즐겁지 않은은 원하거나, 받아들여지거나, 또는 환영받지 못하는 것을 의미한다.

예문 차의 타이어에 펑크가 나는 것은 예상할 수 없고, 즐겁지 않은 놀라움이다.

차분한(calm, 형용사)

차분한은 조용한, 평화로운, 이완된, 그리고 흥분하지 않는을 의미한다.

예문 차분하게 있으려고 노력하는 것이 중요하다.

차분한 목소리(calm voice, 형용사 + 명사)

차분한 목소리는 평화롭고 친근한, 다른 사람들이 듣기에 편안한을 의미한다.

예문 행복할 때, 나는 쉽게 차분한 목소리로 협조적으로 말한다.

추측하다/추측(guess, 동사/명사)

이 책에서 추측하다/추측은 두 개의 의미 중 하나로 사용된다.

추측하다(동사)는 어떤 일이 진실인지, 옳은지, 또는 해야만 하는지에 대해 알 수 있는 충분한 정보 없이 그 일이 진실이거나, 옳다거나, 또는 해야만 하는 바른 것이라고 믿는 것을 의미한다.

예문 어른들이 자주 '그래(yes).' 라고 말하는 다른 방식은 '괜찮을 것 같아.' 또는 '나는 괜찮다고 추측해.' 다.

추측(명사)은 그것이 옳은지, 진실인지 확신할 수 있는 충분한 정보 없이 믿는 것을 의미한다.

예문 할아버지는 많은 사람들이 선물을 포장하고 싶어 한다고 말하면서 올해도 사람들이 포장해 올 것이라고 추측하였다.

탈바꿈(transformation, 명사)

탈바꿈은 생물이나 사물의 모습과 기능의 큰 변화다.

예문 이것이 탈바꿈의 단계다.

트랜스포머(transformer, 명사)

사전을 보면 트랜스포머는 변압기로 전기 전압을 바꾸는 장치다. 이 책에서 트랜스포머는 모습이나 기능에서 큰 변화를 하는 생물이다.

예문 나비는 진정한 탈바꿈을 하는 생물(트랜스포머)이다.

탈바꿈하다(transform, 동사)

탈바꿈하다는 생물이나 사물의 모습이나 기능이 완전히 변화하는 것을 의미한다.

예문 바로 내가 자라는(탈바꿈하는) 것을 지켜보아라!

협조(cooperation, 명사)

협조는 같은 목적을 위해 도움이 되는 방식으로 함께 일하거나 노력하는 행동을 의미한다.

예문 협조는 내 여동생이 나의 도움을 원한다는 증거다.

협조적인(cooperative, 형용사)

협조적인은 다른 사람들과 함께 돕거나 협조하려고 하는을 의미한다(협조하다 참조).

예문 재미있는 활동이 끝날 때, 나는 차분하고 협조적이려고 노력할 것이다.

협조적인 말(cooperative words, 형용사 + 명사)

협조적인 말은 같은 목적을 위해 사람들이 함께 일하거나 노는 것을 도와주는 단어, 어구, 문장이다. 협조적인 말은 차분하고 친근한 목소리로 표현된다(차분한 목소리 참조).

예문 예의 바르게 말하기는 차분하고 친근한 목소리로 협조적인 말을 하는 것이다.

협조하다(cooperate, 동사)

협조하다는 같은 목적을 위해 도움이 되는 방식으로 함께 일하거나 놀다를 의미한다.

예문 사람들이 돕기를 원할 때 그들은 너에게 협조한다.

환영(welcome, 동사, 명사 또는 형용사)

환영이 이 책에서 사용될 때, 그것은 두 가지 의미 중 하나다.

환영하다는 누가 도착했을 때 친근하게 맞이하는 것을 의미한다. (동사)

예문 자신감의 요새에 온 것을 환영한다!

환영은 친근한 방식으로 받아들이는 것을 의미한다. (형용사)

예문 여기에 한 이론이 있다. 변화를 기대하고 환영하는 것이 가장 쉽다.

빈도에 대한 단어와 어구

많은 단어와 어구가 빈도, 어떤 일이 얼마나 자주 일어나는지를 묘사하는 데 사용된다. 예를 들면, '항상(always)' 이라는 단어는 지속적으로, 모든 때 또는 모든 경우를 의미한다. '결코(never)' 라는 단어는 그런 적이 없고, 어떤 경우에도 아닌 것을 의미한다. '항상(always)' 과 '결코(never)' 는 반대되는 의미를 가진다. 즉, '항상' 은 모든 때를, '결코' 는 한 번도 그런 적이 없음을 의미한다.

다음의 그림에서 '항상' 과 '결코' 는 반대되는 의미를 보여 주기 위해 대각선의 반대편 끝에 위치해 있다. 몇몇 사람들은 이 책에서 빈도에 따라 단어와 어구의 배열에 대해 질문을 받을 것이다. 그 답변은 '결코' 와 '항상' 사이에 위치해 있다. '항상' 쪽에 가까울수록 그것의 빈도는 더 높다. 비슷한 의미의 단어들은 같은 색깔이다. 단어나 어구의 의미를 알아내기 위해 대각선에서의 위치와 색깔을 보아라. 많은 다른 단어와 어구가 어떤 일이 얼마나 자주 일어나는지 묘사하기 위해 사용된다. 하지만 이것들은 이 책에서 사용된 단어와 어구다.

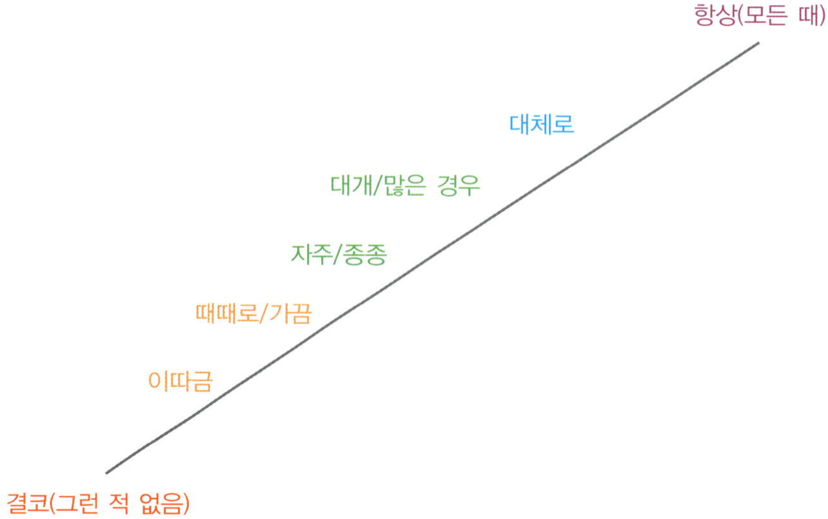

『자폐증 · 아스퍼거 증후군 아동을 위한 사회성 이야기 158』에 담긴 이야기들을 위한 참고 자료

(차례 순서대로 배열)

우리 주위를 둘러싼 탈바꿈: 나비

Montana State University. Butterflies: The children's butterfly site. Life cycle of butterflies and moths. Retrieved October 4, 2009 from *www.kidsbutterfly.org/life-cycle*

우리 주위를 둘러싼 탈바꿈: 개구리

All About Frogs.org. Life cycle of a frog. Retrieved October 4, 2009 from *http://allaboutfrogs.org/weird/general/cycle.html*

우리 주위를 둘러싼 탈바꿈: 무당벌레

Mrs. Seagraves QUEST class homepage. The life cycle of the ladybug. Retrieved October 4, 2009 from *www.geocities.com/sseagraves/ladybuglifecycle.htm*

토머스 에디슨과 실수

Google. Cynthia-ga.Did Thomas Edison really say this? Retrieved on October 1, 2009 from *http://answers.google.com/answers/threadview/id/747226.html*

사람들은 왜 악수를 하는가

Ramsey, L. Shaking Hands Throughout History and Around the World. Retrieved August 8, 2009 at *www.mannersthatsell.com/articles/shakinghands.html*

괴롭힘: 무엇을 생각하고, 말하며, 행동해야 하는가(7장)

Gray, C. (2004). Gray's guide to bullying: The original series of articles parts I-III. Enclosed student workbook: How to respond to a bullying attempt: What to think, say, and do (1-8). Jenison Autism Journal, 16:1.

새 동네로 이사 가기

All listed online resources retrieved on September 12, 2009.

City of Shelton, Connecticut. *www.cityofshelton.org/*

LaFayette Public School. *www.tru!ia.com/schools/CT-Shelton/Lafayette_Elementary_School/* Rich and Ben's Hair Styling.

http://yellowpages.lycos.com/search?C=Barbers&L=Shelton%2C+Connecticut&diktfc=5D914DF6529AF950D797FDEF3EF5F419B795CAEE7864

Beechwood Supermarket. *www.beechwoodmarket.com*

City of Garretson, South Dakota.

www.garretsonsd.com/index.php?option=com_content&view=article&id=42&Itemid= 17

Garretson Elementary School. *http://garretson.k12.sd.us/*

Brandon Plaza Barbers.

http://yp.yahoo.com/yp/Garretson_SD/Personal_Care_Barbers/8109930.html

Garretson Food Center. *www.garretsonsd.com.*

내 손 씻기

Mayo Clinic. Hand washing: Do's and don'ts. Retrieved September 19, 2009 from *www.mayoclinic.com/health/hand-washing/HQ00407*

사람들이 목욕이나 샤워를 해야 하는 이유

All listed online resources retrieved on August 15, 2009. Radmore, C. The evolution of bathing and showers. *www.talewins.com/family/historyofshowers.htm* Wikipedia. Archimedes.

http://en.wikipedia.org/wiki/Archimedes

이것은 나의 담임 선생님의 결정이다

Gray, C. (Author) & Shelley, M. (Director/Producer). (2006). It's the teacher's decision (motion picture). In Storymovies™: Social concepts and skills at school. United States: The Specialminds Foundation.

예의 바르게 선생님께 말하기

Gray, C. (Author) & Shelley, M. (Director/Producer). (2006). Talking to a teacher with respect. (motion picture). In Storymovies™: Social concepts and skills at school. United States: The Specialminds Foundation.

연습이란 무엇인가

Gray, C. (Author) & Shelley, M. (Director/Producer). (2006). What is practice? (motion picture). In Storymovies™: Social concepts and skills at school. United States: The Specialminds Foundation.

실수는 배우는 도중에 일어난다

Gray, C. (Author) & Shelley, M. (Director/Producer). (2006). Mistakes may happen on the way to learning (motion picture). In Storymovies™: Social concepts and skills at school. United States: The Specialminds Foundation.

모둠 과제를 위한 적절한 질문들

Gray, C. (Author) & Shelley, M. (Director/Producer). (2006). What is a good question? (motion picture). In Storymovies™: Social concepts and skills at school. United States: The Specialminds Foundation.

하루를 마칠 때: 가끔 변화가 있지만 대부분 거의 같다

All listed online resources retrieved on October 1, 2009. Answers.com: WikiAnswers.

How many babies are born each day in the world?

http://wiki.answers.com/Q/How_many_babies_are_born_every_day_in_the_world

Answerbag.com. How many commercial airline flights are there per day in the world?

www.answerbag.com/q_view/93860

Answerbag.com. How many earthquakes happen each day?

www.answerbag.com/q_view/93860

『자폐증 · 아스퍼거 증후군 아동을 위한 사회성 이야기 158』 용어사전에 사용된 참고 자료

Agnes, M. (Ed.). (1999). Webster's new world children's dictionary (2nd edition). Cleveland, Ohio: Wiley Publishing, Inc.

Agnes, M. (Ed.). (2003). Webster's new world dictionary (4th edition). New York, N.Y: Pocket Books, Simon & Schuster, Inc.

Delahunty, A. (2002). Barron's first thesaurus. Hauppauge, N.Y: Barron's Educational Series, Inc.

Houghton Mifflin Harcourt. (2007). The American heritage student dictionary. Boston, MA: Houghton Mifflin Harcourt Publishing Company.

Leany, C. (2008). Junior dictionary & thesaurus. New York, N.Y: Barnes & Noble.

Levey, J. S. (Ed.). (1990). Macmillan first dictionary. New York, N.Y: Simon & Schuster Books for Young Readers.

Levey, J. S. (Ed.). (2006). First dictionary. New York, N.Y: Scholastic.

Morris, C. G. (Ed.). (2007). Macmillan fully illustrated dictionary for children. New York, N.Y: Simon & Schuster Books for Young Readers.

Scholastic, Inc. (2005). Scholastic pocket dictionary. U.S.A.: Scholastic, Inc.

사회성 이야기 연구 및 관련된 참고 자료

Agosta, E., Graetz, J. E., Mastropieri, M. A., & Scruggs, T. E. (2004). "Teacher-researcher partnerships to improve social behaviour though social stories." *Intervention in Schools and Clinic* 39 (5) 276-287.

Barry, L. M., & Burlew, S. B. (2004). "Using social stories to teach choice and play skills to children with autism." *Focus on Autism and Other Developmental Disabilities* 19 (1) 45-51.

Bledsoe, R., Smith, B., & Simpson, R. L. (2003). "Use of a social story intervention to improve mealtime skills of an adolescent with Asperger syndrome." *Autism* 7 (3) 289-295.

Brownell, M. (2002). "Musically adapted social stories to modify behaviors in students with autism: Four case studies." *Journal of Music Therapy* 39, 117-144.

Chalk, M. (2003). Social stories for adults with autism and learning difficulties. *Good Autism Practice* 4 (2), 3-7.

Committee on Educational Interventions for Children with Autism. (2001). "Family roles." In C. Lord & J. P.

McGee (Eds.), *Educating children with autism*. Washington, DC: National Academies Press.

Del Valle, P. R., McEachern, A. G., & Chambers, H. D. (2001). "Using social stories with autistic children." *Journal of Poetry Therapy* 14 (4) 187-197.

Erangey, K. (2001). "Using social stories as a parent of a child with an ASD." *Good Autism Practice* 2 (1) 309-323.

Gastgeb, H. Z., Strauss, M. S., & Minshew, N. J. (2006). "Do individuals with autism process categories differently? The effect of typicality and development." *Child Development* 77, 1717-1729.

Gray, C. (1998). "The advanced social story workbook." *The Morning News* 10 (2), 1-21.

Gray, C. (2004). "Social stories 10.0: The new defining criteria and guidelines." *Jenison Autism Journal* 15, 2-21.

Gray, C. A., & Garand, J. D. (1993). "Social stories: Improving responses of students with autism with accurate social information." *Focus on Autistic Behavior* 8, 1-10.

Gray, C. (1998a). "Social stories and comic strip conversations with students with Asperger syndrome and high functioning autism." In: E. Schopler, G. Mesibov & L. Kunce (Eds.). *Asperger syndrome* or *high functioning autism?* (pp. 167-198). New York: Plenum Press.

Hagiwara, T., & Myles, B. S. (1999). "A multimedia social story intervention: Teaching skills to children with autism." *Focus on Autism and Other Developmental Disabilities* 14, 82-95.

Howley, M. (2001). "An investigation into the impact of social stories on the behaviour and social understanding of four pupils with autistic spectrum disorder." In R. Rose and Grosvenor (Eds) (2001). *Doing research in special education*. London: David Fulton.

Howley, M., & Arnold, E. (2005). *Revealing the hidden social code*. London: Jessica Kingsley.

Ivey, M. L., Heflin, L. J., & Alberto, P. (2004). "The use of social stories to promote independent behaviors in novel events for children with PDD-NOS (autism spectrum disorder)." *Focus on Autism and Other Developmental Disabilities* 19, 164-176.

Jones, D., Swift, D., & Johnson, M. (1988). "Nondeliberate memory for a novel event among preschoolers." *Developmental Psychology* 24, 641-645.

Klinger, L. G., & Dawson, G. (2001). "Prototype formation in autism." *Development and Psychology 13,* 111-124.

Kluth, P., & Schwarz, P. (2008). *Just give him the whale! 20 ways to use fascinations, areas of expertise, and strengths to support students with autism*. Baltimore: Paul H. Brookes Publishing Co.

Kuoch, H., & Mirenda, P. (2003). "Social story interventions for young children with autism spectrum disorders." *Focus on Autism and Other Developmental Disorders* 18, 219-227.

Kuttler, S., Myles, B. S., & Carlson, J. K. (1998). "The use of social stories to reduce precursors to tantrum behaviour in a student with autism." *Focus on Autism and Other Developmental Disabilities* 12, 176-182.

Lorimer, P. A., Simpson, R., Myles, B. S., & Ganz, J. (2002). "The use of social stories as a preventative behavioral intervention in a home setting with a child with autism." *Journal of Positive Behavioral Interventions* 4 (1), 53-60.

Miller, D. (2002). *Reading with meaning: Teaching comprehension in the primary grades.* Portland, ME: Stenhouse Publishers.

Moffat, E. (2001). "Writing social stories to improve students' social understanding." *Good Autism Practice* 2 (1), 12-16.

Norris, C., & Dattilo, J. (1999). "Evaluating the effects of social story intervention on a young girl with autism." *Focus on Autism and Other Developmental Disabilities* 14, 180-186.

Rowe, C. (1999). "Do social stories benefit children with autism in mainstream primary school?" *British Journal of Special Education* 26 (1), 12-14.

Rust, J., & Smith, A. (2006). "How should the effectiveness of social stories to modify the behavior of children on the autism spectrum be tested? Lessons from the literature." *Autism: The International Journal of Research and Practice* 10, 125-138.

Sansosti, F. J., Powell-Smith, K. A., & Kincaid, D. (2004). "A research synthesis of social story interventions for children with autism spectrum disorders." *Focus on Autism and Other Developmental Disabilities* 19 (4), 194-204.

Scattone, D., Wilczynski, S., Edwards, R., & Rabian, B. (2002). "Decreasing disruptive behaviors of children with autism using social stories." *Journal of Autism and Developmental Disorders* 32 (6), 535-543.

Smith, C. (2001a). "Using social stories to enhance behaviour in children with autistic spectrum difficulties." *Educational Psychology in Practice* 17 (4), 337-345.

Smith, C. (2001b). "Using social stories with children with autistic spectrum disorders: An evaluation." *Good Autism Practice* 2 (1), 16-25.

Swaggart, B. L., Gagnon, E., Bock, S. J., Earles, T. L., Quinn, C., Myles, B. S., & Simpson, R. L. (1995). "Using social stories to teach social and behavioural skills to children with autism." *Focus on Autistic Behaviour* 10, 1-16.

Wright, L. A. (2007). *Utilizing social stories to reduce problem behavior and increase pro-social behavior in young children with autism.* Unpublished doctoral dissertation, University of Missouri, Columbia.

저자 소개

Carol Gray

캐롤 그레이는 자폐 스펙트럼 장애(Autism Apectrum Disorder: ASD)를 가진 학생들을 20년 동안 교육한 경험을 가지고 있다. 캐롤은 1991년에 사회성 이야기를 사용하기 시작했고, 이와 관련된 수많은 논문과 책을 저술해 왔다. 그녀는 자폐 스펙트럼 장애를 가진 사람들을 돕는 비영리 단체인 사회성 학습과 이해를 위한 그레이 센터의 수장으로, 최근까지도 다양한 교육적 · 직업적 상황에서 학생들, 부모들 그리고 전문가들과 함께 개별적으로 활동하고 있다.

매년 캐롤은 전 세계에서 많은 강연과 워크숍을 하고 있다. 그녀는 사회성 이해, 따돌림 방지 그리고 우정을 가르치는 주제들을 다룬다. 캐롤은 자폐 스펙트럼 장애를 가진 사람들의 교육에 국제적으로 기여한 것에 대한 바바라 리핀스키 상(Barbara Lipinski Award)을 포함하여 많은 상을 받았다.

역자 소개

이주현(Lee Juhyun)

이주현은 한림대학교 의과대학 및 동 대학원을 졸업하였다. 정신건강의학과 전문의이자 소아청소년 정신과 전문의다. 아산시 정신보건센터장과 알코올 상담센터장을 역임하였고, 서울대학교 소아정신과 임상강사로 재직하였다. 현재 아이나래 정신건강의학과 의원 원장이며, 멘토 소아청소년 연구소 원장이다. 또한 한국융연구원 전문과정 상임연구원이자 한국자폐학회 기획이사와 한림대학교 의과대학 정신건강의학과 외래 부교수를 맡고 있다.

주요 저 · 역서로는 『십대를 위한 9가지 트라우마 회복스킬』(학지사, 2015), 『별종, 괴짜 그리고 아스퍼거 증후군』(역, 학지사, 2009), 『정신건강을 위한 투쟁』(공역, 학지사, 2006)이 있다.

〈역자와의 교신〉
E-mail 90mind@naver.com
Homepage http://www.inarae.co.kr

자폐증·아스퍼거 증후군 아동을 위한

사회성 이야기 158

The New Social Story Book
Revised and Expanded 10th Anniversary Edition

2016년 4월 15일 1판 1쇄 발행
2024년 11월 20일 1판 4쇄 발행

지은이 • Carol Gray
옮긴이 • 이 주 현
펴낸이 • 김 진 환
펴낸곳 • (주) 학지사
04031 서울특별시 마포구 양화로 15길 20 마인드월드빌딩 5층
대표전화 • 02) 330-5114 팩스 • 02) 324-2345
등록번호 • 제313-2006-000265호
홈페이지 • http://www.hakjisa.co.kr
인스타그램 • https://www.instagram.com/hakjisabook

ISBN 978-89-997-0937-1 93370

정가 20,000원

역자와의 협약으로 인지는 생략합니다.
파본은 구입처에서 교환하여 드립니다.